메이저리그 야구 전설들

타자편

메이저리그 야구 전설들
베이비 루스 / 테드 윌리엄스 / 행크 애런 / 요기 베라 / 재키 로빈슨

책을 열며

쾅! 시원한 홈런 한 방 부탁해요

흔히 야구는 투수 놀음이라고 합니다. 무엇보다 뛰어난 투수가 있어야 강팀이 될 수 있다는 의미지요.

하지만 아무리 실력 좋은 투수가 마운드에 있어도 타자들이 점수를 내지 못하면 경기를 이길 수 없습니다. 아무리 잘해봐야 0 대 0으로 끝날 뿐이지요. 단 1점이라도 점수를 뽑아야 경기에서 승리하게 되므로, 타자들의 역할은 투수 못지않게 중요합니다. 설령 투수가 10점을 내줘도 타자들이 11점을 뽑으면 경기를 이기게 되지요.

오늘날 세계 최고의 프로야구 무대는 미국입니다. 미국 프로야구를 일컫는 메이저리그는 양대 리그로 구성되어 있는데, 내셔널리그 소속 16개 팀과 아메리칸리그 소속 14개 팀을 합쳐 모두 30개 구단으로 운영 중이지요. 미국 프로야구의 역사는 무려 140년이 넘습니다.

앞으로 어린이 여러분이 이 책을 통해 만나게 될 야구 선수들은 바로 세계 최고 무대인 미국 메이저리그에서 활약한 10명의 타자, 투수들입니다. 하나같이 야구계의 전설로 평가받는 훌륭한 선수들이지요. 그 선수들이 펜스 너머로 넘긴 숱한 홈런과 시원한 안타는 수많은 관중들을 울리고 웃겼습니다. 그들의 몸짓 하나하나에 야구팬들은 열광하고 탄식했지요.

자, 그럼 이제 이 책에 소개된 멋진 타자, 투수들을 만나볼까요? 부록으로 소개된 각종 야구 상식도 빼놓지 말고 꼭 읽어보세요. 아마도 이 책을 다 읽은 어린이 여러분은 친구들 사이에서 야구 박사로 통하게 될 것이 틀림없습니다.

차 례

· 베이비 루스 - 9

· 테드 윌리엄스 - 39

· 행크 애런 - 69

· 요기 베라 - 99

· 재키 로빈슨 - 129

사이 영 - 163

월터 존슨 - 195

놀란 라이언 - 227

그레그 매덕스 - 257

마리아노 리베라 - 289

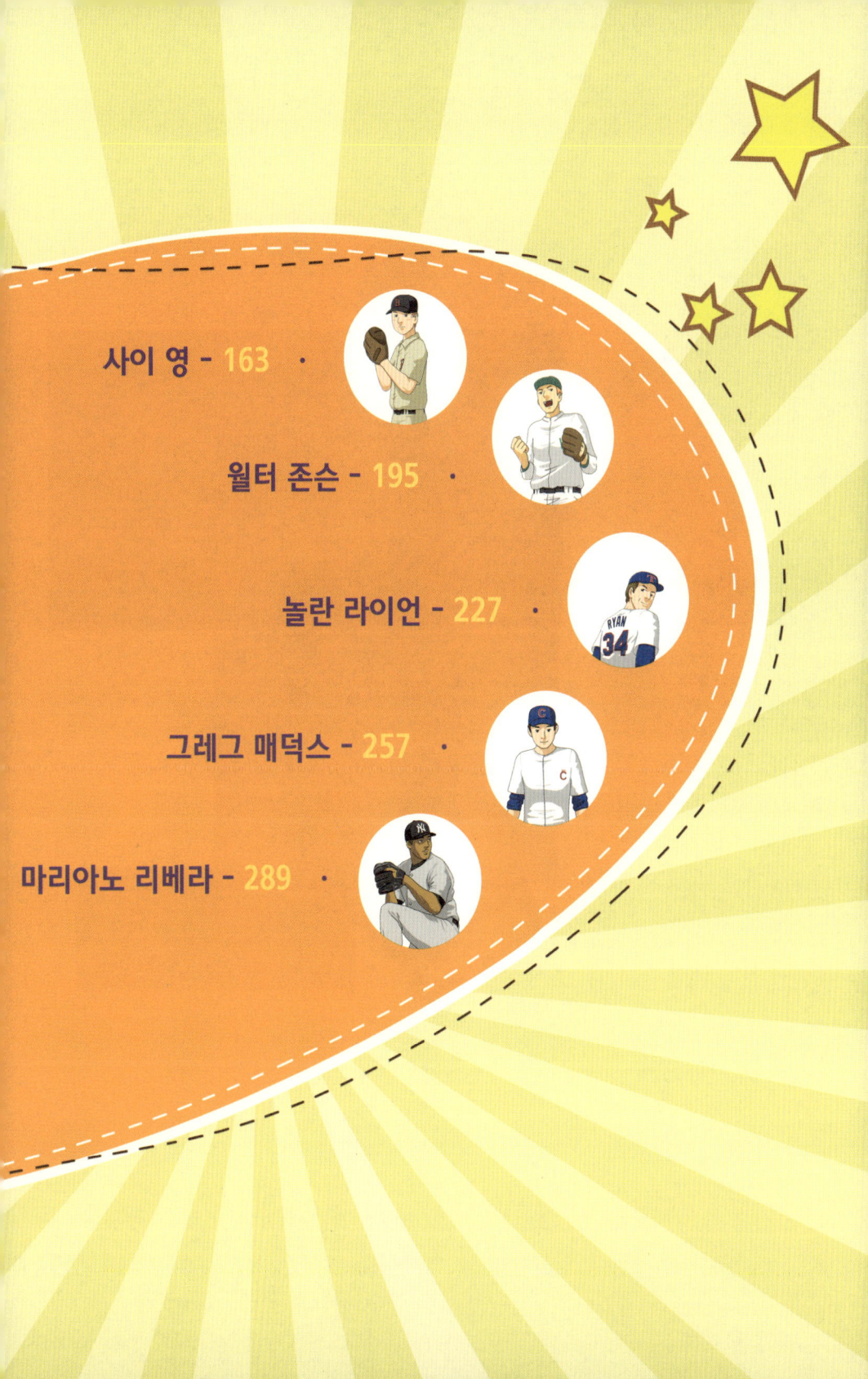

메이저리그의 영원한 전설
베이브 루스

1900년대로 막 접어든
미국 볼티모어의 허름한 선술집에서
한 아이가 부모에게 꾸중을 듣고 있었어요.
"루스, 넌 어떻게 허구한 날 말썽만 부리니.
나쁜 형들하고 어울리지 말라고 몇 번이나 말했어!"
그날 루스는 같은 동네에 사는 사내아이들과 어울려
남의 집 유리창을 장난삼아 깨뜨렸어요.
입으로는 씹는 담배까지 우물거리면서 말이에요.

놀랍게도, 그때 루스의 나이는 겨우 7살이었어요.
선술집을 하면서 근근이 생계를 이어가는 부모는
아들의 장래를 생각하며 심각한 고민에 빠졌지요.
"여보, 아무래도 안 되겠어요.
루스를 마티아스 신부님이 계신
공업학교에 보내도록 해요."
엄마의 말에 아빠도 가만히 고개를 끄덕였어요.
그런데 루스가 간 곳은 말이 공업학교지
말썽꾸러기들을 모아 놓고 잘못된 성품을 바로잡는 시설
이었어요.

다행히 루스는 곧 그곳 생활에 적응했어요.
삐뚤어진 성격도 점점 온순하게 바뀌어갔지요.
그것은 무엇보다 마티아스 신부가 가르쳐준
야구 덕분이었어요.
"와, 세상에 이렇게 재미있는 운동이 있다니!"
루스는 좀처럼 야구공을 손에서 놓는 법이 없었어요.
그 모습을 늘 흐뭇하게 지켜보던 신부는
루스가 19살이 되자
볼티모어 오리올스 구단 관계자에게 데려갔지요.

루스는 구단 관계자 앞에서 멋진 폼으로 공을 던졌어요.
그가 던진 강속구들은 순식간에 포수의
미트에 꽂혔지요.
퍽! 퍽! 퍽!
"와우! 대단한걸.
잘 가르치면 쓸 만한 좌완 투수가 되겠어."
그렇게 루스는 볼티모어 오리올스의
정식 선수가 되었어요.
동료 선수들은 나이 어린 그를
'조지 허먼 루스'라는 본명 대신
'베이브 루스'라고 불렀지요.

얼마 지나지 않아,
루스의 뛰어난 실력이 널리 알려졌어요.
당연히 여러 야구팀에서 그를 탐내기 시작했지요.
그때만 해도 마이너리그 팀이었던 볼티모어 오리올스는
적지 않은 돈을 받고 보스턴 레드삭스에
루스를 넘겨줬어요.
더 강한 전력을 가진 팀에 입단한 루스는
투수로서 최고의 실력을 발휘했지요.
"저 선수가 베이브 루스야? 정말 공을 잘 던지는걸."
"그러게 말이야. 이제 우리 팀은 우승도 어렵지 않겠어."
보스턴 레드삭스 팬들은
입에 침이 마르도록 루스를 칭찬했어요.

팬들의 기대는 그대로 현실이 됐어요.
베이브 루스는 투수로서 그야말로 승승장구했으니까요.
월드시리즈에서는 무려 29이닝 동안
단 한 점도 주지 않았어요.
상대 팀 선수들은 고개를 절레절레 흔들었지요.
"휴! 스무 살을 갓 넘긴 애송이한테
꼼짝없이 당하고 말았네……."
"앞으로는 한동안 보스턴 레드삭스의 시대가 되겠군.
베이브 루스라는 대단한 투수가 있으니까 말이야."

그런데 머지않아 누구도 예상치 못한 일이 벌어졌어요.
1920년 1월 4일, 신문을 펼쳐든
보스턴 레드삭스 팬들은
깜짝 놀라 두 눈이 휘둥그레졌지요.
'베이브 루스, 뉴욕 양키스로 이적!'
도저히 믿을 수 없다는 표정으로
그 기사를 몇 번이나 읽은 팬들은
너나없이 분노했어요.
"이럴 수가……. 우리의 스타를 돈 몇 푼에
팔아넘기다니."
당시 보스턴 레드삭스가 받은 이적료는
12만 5,000달러였어요.
미래가 더욱 기대되는 루스의 가치에 비해서는
헐값이었지요.

그 해 시즌이 개막되고 나서야,
보스턴 레드삭스 구단은 그 결정이
잘못된 것을 깨달았어요.
관중 수가 형편없이 줄어들었기 때문이에요.
"선수를 돈벌이 수단으로만 여기는 구단은 싫어."
"맞아, 하루아침에 우리의 스타를 팔아치운 팀을
더는 응원하고 싶지 않아."
어디 그뿐인가요.
팀 성적도 추락해 우승은
꿈도 꾸지 못할 처지가 되었어요.

세월이 흘러도 보스턴 레드삭스의 성적은
좀처럼 나아지지 않았어요.
그러자 여기저기서 조롱하는 소리가 들려왔지요.
"쯧쯧, 밤비노의 저주가 걸렸군!
앞으로 오랫동안 보스턴 레드삭스는
우승하지 못할 거야."
밤비노란, 베이브 루스의 애칭이었어요.
그러니까 뉴욕 양키스에
루스를 팔아넘긴 보스턴 레드삭스가
그의 저주 때문에
좋은 성적을 올리지 못할 것이라는 말이었지요.

그 후 '밤비노의 저주'라는 말은
무려 86년 동안 계속 사람들의 입에 오르내렸어요.
2004년 보스턴 레드삭스가
세인트루이스 카디널스를 꺾고
오랜만에 월드시리즈에서 우승할 때까지 말이에요.
그럼 뉴욕 양키스로 팀을 옮긴
베이브 루스는 어땠을까요?
그는 엉망이 되어 버린 보스턴 레드삭스와 달리
그야말로 눈부신 활약을 펼쳐
스타 중의 스타가 되었어요.
그것도 투수가 아닌 타자로 펄펄 날았지요.

사실 뉴욕 양키스는
베이브 루스의 타격 재능을 눈여겨봤어요.
그동안 루스는 타석에 설 기회가 있을 때마다
결코 만만치 않은 실력을 뽐냈지요.
루스가 입단하자,
팀에서는 그에게 타자로만 뛰라고 말했어요.
"당신은 지금까지 투수로 이름을 떨쳤지만
그에 못지않게 타격 솜씨도 훌륭하니
타자로 전업하시오."
구단의 제안에 루스는 자신만만하게 대답했어요.
"좋아요. 내가 공만 잘 던지는 것이
아니라는 것을 보여주지요."

베이브 루스의 자신감은 괜한 큰소리가 아니었어요.
그는 타자로서 누구도 감히 견줄 수 없는
큰 성공을 거두었지요.
뉴욕 양키스에서만 자그마치
659개의 홈런을 때려냈으니까요.
팬들은 루스가 타석에 들어설 때마다 열광했어요.
"베이브 루스, 파이팅! 담장 너머로 공을 날려 버려!"
그렇다고 루스가 홈런만 많이 쳤던 것은 아니에요.
그는 수비를 하거나 주자로 베이스를 돌면서
절대 몸을 사리는 법이 없었어요.
어느새 루스는 뉴욕 양키스,
아니 미국 야구의 영웅이 되었지요.

베이브 루스는 최고의 야구 스타였을 뿐만 아니라,
누구보다 어린이들을 사랑하는 사람이었어요.
그는 선수 시절 내내 고아원이나 병원에 자주 찾아가
불우한 환경에 있는 어린이들에게
희망과 용기를 안겨주었지요.
그것은 한때 굉장한 말썽꾸러기였던
루스의 놀라운 변신이었어요.
그래서일까요, 오늘날 사람들은
그를 일컬어 이렇게 말해요.
"베이브 루스는 미국인 모두의 꿈이었습니다.
그리고 이제는 메이저리그의
영원한 전설입니다!" 라고요.

부록

베이브 루스(1895~1948)가 남긴 기록

[투수 통산 성적]

* 94승 46패 4세이브
* 평균자책점 ; 2.28점
* 선발 ; 148경기
* 완투 ; 107경기
* 완봉 ; 17경기
* 이닝 ; 1221과 1/3이닝
* 삼진 ; 488개
* 볼넷 ; 441개

[타자 통산 성적]

* 출전 경기 ; 2,503경기
* 타율 ; 3할 4푼 2리
* 장타율 ; 6할 9푼
* 출루율 ; 4할 7푼 4리
* 홈런 ; 714개
* 안타 ; 2,873개
* 타점 ; 2,213점
* 득점 ; 2,174점
* 도루 ; 123개

[그 밖의 주요 기록]

* 1916년과 1918년 투수로서 월드시리즈에 진출하여 29와 2/3이닝 연속 무실점 기록
* 월드시리즈 통산 투수로서 3경기에 등판해 3승, 평균자책점 0.87점 기록
* 월드시리즈 통산 타자로서 41경기를 치르며 타율 3할 2푼 6리 및 홈런 15개 기록
* 1918~1931년 사이 아메리칸리그에서 12회 홈런왕
* 1936년 베이브 루스 외 5명의 선수가 최초로 명예의 전당에 이름을 올림

야구가 궁금해

야구의 기원

야구의 기원에는 몇 가지 설이 있다. 그중 하나는 13세기 영국에서 시작된 크리켓(cricket)이 라운더즈(rounders)가 되고 그것이 발달해 베이스볼(baseball)이 되었다는 것이다. 영국에서는 일찍이 배트와 작은 공을 사용하는 놀이가 성행했다. 이를테면 포코너즈(four corners)라든가 피더(feeder), 라운더즈 등인데 그것을 영국 이민자들이 미국에 전해 널리 퍼뜨렸다. 1775년 미국 독립전쟁 이전에는 동부 해안 지방에서 주로 행해지다가, 19세기 중엽 무렵 미국 각지에 보급되어 발달되었던 것이다. 그 당시 경기 방식은 간단했다. 투수가 공을 던지면 타자가 친 다음 베이스로 달려갔고, 수비수 역시 공을 잡자마자 베이스를 향해 달렸다. 수비수가 먼저 베이스에 도달하면 아웃, 타자가 빨리 베이스에 다다르면 세이프가 되는 식이었다. 당시에는 선수 수도 일정하지 않았고, 베이스의 위치도 정해진 것이 아니었다. 베이스는 단순히 말뚝을 박거나 구멍을 파서 지정했다. 그 뒤 1830년에는 보스턴에서 라운더즈를 모방한 타운볼(town ball)이라는 경기가 시작되었다. 3년 후인 1833년에는 필라델피아에서, 또 비슷한 시기 뉴욕에서도 저마다 조금씩 다른 형태의 타운볼이 성행했고 그것이 발전하여 비로소 베이스볼이 되었다고 한다.

야구 규칙의 정비

미국에서 본격적으로 발달한 야구는 시간이 흐르면서 서서히 오늘날의 모습을 갖춰갔다. 1841년경 베이스가 고정되었고, 1845년에는 니커보커즈라는 최초의 야구팀이 조직되었으며 경기장도 현재와 같은 다이아몬드 형태가 되었다. 그리고 이듬해인 1846년에는 한 팀을 9명으로 구성하는 규칙이 제정되었고, 니커보커즈 팀과 거기서 분리되어 나간 뉴욕나인 팀 사이에 최초의 공식 야구 경기가 펼쳐졌다. 그 후 1857년 헨리 카드윅이 규칙을 대폭 개정해 양 팀의 공격과 수비를 9회로 한정하는 룰이 만들어졌다. 또한 1867년 윌리엄 커밍즈가 커브를 고안하는 등 투수의 투구 기술이 비약적으로 발전해 타자들이 단 1점도 뽑지 못하는 셧아웃(shutout) 게임도 심심찮게 벌어지게 되었다. 그에 따라 투수에게 갖가지 제한이 가해지게 됐는데, 베이스온볼스(base on balls) 규칙이 제정된 것도 그 한 예이다.

4할 타율의 타격 천재
테드 윌리엄스

보스턴 레드삭스가 경기에서 극적으로 승리한 날,
많은 기자들이 경기장을 빠져나가는
선수들에게 몰려들었어요.
그들의 관심은 온통 테드 윌리엄스에게 쏠려 있었지요.
"오늘 경기에서 끝내기 안타를 쳤는데 기분이 어때요?"
윌리엄스는 그 물음에 빙그레 미소를 지으며 대답했어요.
"나는 항상 팀의 승리를 위해 최선을 다할 뿐입니다.
무엇보다 우리 팀이 역전승을 거둬 기뻐요."
그런데 그 때, 사진기자들의 카메라에서 연신 플래시가
터졌어요.

펑! 펑! 펑!

그 순간, 윌리엄스가 갑자기

손사래를 치며 소리를 내질렀어요.

"그만 좀 하시오. 눈이 부셔서 도저히 못 참겠소!"

갑작스런 상황에 기자들은 당황했어요.

"아니, 왜 그래요?

내일 아침 신문에 대문짝만하게

실릴 사진을 찍는 건데……."

기자들은 취재에 고분고분 협조하지 않는 것이

못마땅했어요.

그도 그럴 것이, 다른 선수들은

스타 대접을 받으며 사진을 찍는 것을

매우 좋아했으니까요.

하지만 윌리엄스는 생각이 달랐어요.
지나치게 밝은 빛이 시력을 상하게 할까 봐 염려했지요.
"타자는 눈이 좋아야 공을 잘 볼 수 있소.
내게는 신문에 사진이 실리는 것보다
눈이 더 소중하단 말이오."
그 말에 몇몇 기자들은 고개를 끄덕였어요.
하지만 대부분의 기자들은 여전히 불쾌한 표정이었지요.
"쳇, 유별나게 굴기는……."
그래서였을까요, 윌리엄스는 선수 생활 내내
기자들과 사이가 별로 좋지 않았어요.

사실 테드 윌리엄스는 여느 선수들에 비해
눈 건강에 무척 예민했어요.
혹시라도 좋은 시력을 유지하는 데 방해가 될까 봐
술은 물론이고 탄산음료도 잘 마시지 않았지요.
"자네는 정말 최고의 시력을 갖고 태어났네.
대단한 행운이야."
한번은 의사가 윌리엄스의 시력을 검사하고
이렇게 감탄했어요.
그럼에도 그는 자만하지 않고
야구 선수로서 눈을 보호하기 위해
최선을 다했던 것이지요.

그렇다고 단지 좋은 시력 때문에
윌리엄스가 뛰어난 타격 실력을
보일 수 있었던 것은 아니에요.
그는 타격 기술을 향상시키기 위해
엄청난 노력을 했지요.
하루 일과 중 많은 시간,
그의 손에는 늘 배트가 들려 있었어요.
심지어 숙소에서도 틈만 나면 스윙 연습을 했지요.
슈웅~ 슈웅~.
"이봐, 그만하고 잠 좀 자자!
넌 연습이 질리지도 않니?"
오죽하면 같은 방을 쓰는 동료 선수가
이렇게 투덜거렸을까요.

그런 노력 덕분인지 야구 배트에 대한 윌리엄스의 감각은
기계만큼이나 정확했어요.
어느 날, 그는 자신이 주문한 배트를 받아들고
고개를 갸웃했지요.
"이거 이상한데.
아무래도 지금 내가 쓰고 있는 배트들과
조금 다른 것 같아."
그러지 배트를 가져온 공장 직원은 그럴 리 없다며
다른 선수들 앞에서 무게와 굵기를 다시 재봤어요.
그리고는 깜짝 놀라 한동안 벌어진 입을
다물지 못했지요.

"아, 이럴 수가……."
윌리엄스의 말마따나 새로운 배트는
이전 것과 차이가 있었어요.
그런데 놀랍게도, 단지 1밀리미터가 얇았고
무게 역시 15그램 정도 가벼울 따름이었지요.
그것은 배트를 몸의 일부처럼 여기고 사는
윌리엄스였기에 가능한 일이있어요.
침실에서도, 식당에서도,
그의 곁에는 항상 배트가 있었지요.

윌리엄스가 처음 입단한 팀은
샌디에이고 파드리스였어요.
하지만 곧 보스턴 레드삭스로 옮겨
메이저리거로 성장했지요.
그는 첫 해부터 3할 2푼 7리의 타격에
홈런도 31개나 쳤어요.
보스턴 레드삭스 팬들은 열광했지요.
"우와, 저 풋내기가 실력 하나는 끝내주는걸."
"우리 팀에 새로운 보물이 탄생한 것 같아."
다음 해에도 윌리엄스는
팬들의 기대를 저버리지 않았어요.
좀처럼 치기 어렵다는 3할 타율이
그에게는 식은 죽 먹기였지요.

그 후 1941년, 마침내 윌리엄스에게
대단한 기회가 찾아왔어요.
시즌 중 마지막 2경기를 남겨놓은 상황에
그의 타율은 3할 9푼 9리 5모였지요.
그냥 남은 2경기를 뛰지 않으면
반올림해서 4할이 되는 것이었어요.
꿈의 4할 타율 말이에요!
감독이 자신의 방으로 조용히 윌리엄스를 불렀어요.
"이보게, 남은 두 경기에 결장하는 것이 어떻겠나?"
윌리엄스는 그 말이 무슨 뜻인지
금세 알아채고 되물었어요.

"감독님, 제 타율 때문에 그러시는군요?"
"그렇다네. 4할 타율은 정말 야구 역사에
길이 남을 사건이잖나."
감독은 살짝 흥분된 낯빛이었어요.
오히려 윌리엄스가 담담하게 말했지요.
"저도 4할 타율이 얼마나 영광스런
기록인지 잘 알고 있습니다.
하지만 비겁한 방법으로 그 기록을
유지하고 싶지는 않아요."
결국 그 날 감독은 윌리엄스의 고집을 꺾지 못했지요.

다음날, 윌리엄스는 여느 때처럼 경기에 나섰어요.
남은 2경기는 더블헤더로 시합이 치러질 예정이었지요.
상대 팀 투수는 그가 난생처음 상대하는
선수들이었어요.
"이런, 오늘 4할 타율이 깨지고 말겠는걸."
"그러게 말이야.
처음 만나는 투수의 공은 치기 어려운 법이지."
관중들은 일찌감치 아쉬운 표정으로 한숨을 내쉬었어요.
보스턴 레드삭스 감독도 괜히 머리만 긁적였지요.

그런데 경기가 진행될수록

관중들의 입에서는 탄성이 터져 나왔어요.

양 팀 감독과 동료 선수들도 마찬가지였지요.

왜냐고요?

그것은 윌리엄스가 신들린 듯한

타격 솜씨를 뽐냈기 때문이에요.

그가 배트를 휘두르면 공은

그라운드를 가로질러 안타가 됐어요.

그 날 윌리엄스의 2경기 기록은 8타수 6안타.

그는 시즌 타율 4할 6리로 거뜬히 4할 타자가 됐지요.

그처럼 누구보다 유명한 스타였던 윌리엄스는
선수 생활 중 두 차례나 전쟁에 참전하기도 했어요.
징집 대상자가 아니었지만,
남다른 애국심이 불타올랐지요.
"지금은 모두 한마음으로 국가를 위해
싸울 때라고 생각합니다.
머지않아 다시 돌아와 타석에 서겠습니다."
그는 제2차 세계대전에서 3년,
한국전쟁에서 1년 넘게
삶과 죽음의 경계를 넘나들었어요.
그리고 약속대로 돌아와,
다시 멋진 안타를 펑펑 쳐냈지요.

부록

테드 윌리엄스(1918~2002)가 남긴 기록

[타자 통산 성적]

* 출전 경기 ; 2,292경기
* 타율 ; 3할 4푼 4리
* 장타율 ; 6할 3푼 4리
* 출루율 ; 4할 8푼 2리
* 홈런 ; 521개
* 안타 ; 2,654개
* 타점 ; 1,839점
* 득점 ; 1,798점
* 도루 ; 24개

[그 밖의 주요 기록]

* 1942년 및 1947년 타자 부문 트리플크라운(타율 · 홈런 · 타점 1위) 달성
* 아메리칸 리그 타격왕 6회
* 20세기 마지막 4할 타자로, 1941년 타율 4할 6리 기록
* 1939~1949년까지 군복무 기간 3년을 제외하고 8시즌 동안 100타점 이상 기록. 아울러 평균 33홈런, 137볼넷, 7년 연속 출루율 1위, 6년 연속 장타율 1위 기록
* 1966년 명예의 전당에 이름을 올림

야구가 궁금해

'베이스볼(baseball)'의 유래

야구의 영어 명칭인 '베이스볼'은 1루, 2루, 3루, 홈에 4개의 베이스를 사용한다고 해서 붙여진 이름이다. 한자로는 '들 야(野)' 자에 '공 구(球)' 자를 쓰므로, 야구라는 말에는 넓은 들판에서 공을 가지고 하는 게임이라는 뜻도 담겨 있다.

경기 방법

야구는 9명씩 구성된 2개 팀이 교대로 공격과 수비를 하면서 경기를 진행한다. 공격 팀이 상대 투수가 던지는 공을 쳐서 안타를 만들고 1·2·3루 베이스를 거쳐 홈플레이트를 밟으면 1점을 얻는다. 진루를 하는 방법은 안타뿐만 아니라 베이스온볼스(base on balls)나 히트바이피치드볼(hit by pitched ball) 등 여러 가지가 있다. 또 홈런(home run)을 치면 타자와 함께 베이스에 나가 있는 모든 주자들이 한꺼번에 홈플레이트를 밟아 득점을 올리게 된다. 공격 방법 중에는 도루도 있다. 주자가 수비를 하는 팀의 허점을 이용해 다음 베이스로 진루하는 것을 말한다. 도루는 타격이나 베이스온볼스, 히트바이피치드볼, 수비 팀의 실책 등과 상관없이 자신의 힘으로 진루할 경우에만 인정된다. 영어로는 스틸(steal)이라고 하므로 2명의 주자가 동시에 도루를 하면 '더블스틸', 홈플레이트로 도루를 하면 '홈스틸'이라고 한다.

야구의 타순과 수비 포지션

야구에서 공격 팀은 1번부터 9번까지 미리 타격 순서를 정한다. 이 순서는 경기 중에 바꿀 수 없다. 타격 순서 가운데 홈런 등 장타력이 뛰어난 타자들은 주로 3~5번으로 기용된다. 그들을 특별히 클린업트리오(cleanup trio)라고 일컫는다. 클린업트리오는 팀 동료들이 안타 등으로 베이스에 나갔을 때 큰 타구를 날려 득점을 올리는 임무를 부여받는다. 특히 4번 타자는 팀을 대표하는 강타자인 경우가 많다. 한편 수비를 하는 팀은 9명의 선수가 각 베이스를 비롯해 미리 정해진 위치에서 상대의 공격을 방어한다. 그 포지션은 투수 · 포수 · 1루수 · 2루수 · 3루수 · 유격수 · 좌익수 · 중견수 · 우익수이다.

이닝과 볼카운트

야구 경기에서 양 팀은 3명의 선수가 아웃되면 공 · 수를 교대하게 된다. 이렇게 한 차례씩 진행되는 공격과 수비를 1단위로 해, 이것을 회(回) 또는 이닝(inning)이라고 한다. 야구 경기의 볼카운트는 스트라이크(strike)와 볼(ball)로 구분된다. 타자는 3번째 스트라이크 판정을 받으면 아웃이 선언되고, 4번째 볼 판정을 받으면 베이스온볼스가 돼 1루로 걸어 나간다. 스트라이크의 경우 경기장 밖으로 공이 날아가는 파울볼도 투 스트라이크까지는 스트라이크 볼카운트로 기록된다. 투 스트라이크 이후에는 아무리 많은 파울볼을 쳐도 볼카운트에 기록되지 않는다. 파울볼 때문에 최종적으로 스트라이크아웃이 되지는 않는다는 말이다.

베이브 루스를 넘어
행크 애런

어린 행크 애런은 목화 농장에서 일했어요.

더운 날씨 때문에 온몸이 땀으로 흠뻑 젖었지요.

그런 아들의 모습을 보며 어머니가 마음 아파했어요.

"애야, 미안하구나.

가난한 부모를 만나 이렇게 고생하다니……."

그러자 애런이 짐짓 씩씩한 표정으로 이야기했어요.

"괜찮아요, 엄마.

제가 어른이 되면 돈을 많이 벌어서 편안하게 모실게요."

일찍 철이 든 어린 아들의 말에

어머니는 더욱 마음이 아팠어요.

애런은 학교도 겨우 다닐 만큼 집안 형편이 어려웠어요.
그런 까닭에 어른들을 도와
아침 일찍부터 해가 저물도록
목화 따는 일을 하기 일쑤였지요.
그래도 그의 가슴속에는 소중한 꿈이 하나 있었어요.
"나는 나중에 훌륭한 야구 선수가 될 테야.
야구라면 가난힌 흑인도 충분히 잘해낼 수 있이."
애런은 틈틈이 야구 연습을 하며 미래를 준비했어요.
하지만 그마저 쉬운 일은 아니었지요.

무엇보다 애런에게는 야구 장비를 살 돈이 없었어요.
그는 나뭇가지를 꺾어 배트로 사용했고,
공 대신 작은 돌멩이 따위를 던질 수밖에 없었지요.
그럼에도 애런은 항상 진지한 표정이었어요.
"제대로 된 장비가 없다고 불평만 하고 있을 수는 없어.
그보다 더 중요한 것은 열심히 노력하는 거야."
그런 마음 때문이있을까요,
애런이 나뭇가지로 친 돌멩이는
허공을 가로질러 쭉쭉 뻗어 나갔어요.

그러던 어느 날, 애런에게 행운의 여신이 찾아왔어요.

그는 오랜만에 친구들과 어울려

야구 시합을 하고 있었지요.

비록 친구의 낡은 장비였지만,

오랜만에 진짜 배트와 공을 만져본 애런은

신바람이 났어요.

"아, 행복해. 만날 이렇게 야구를 할 수 있으면

좋겠어……."

친구들 사이에서 애런의 야구 실력은 단연 돋보였어요.

그리고 그날, 그의 간절한 바람은 현실이 되었지요.

얼마 뒤 야구 시합이 끝나자,
한 신사가 애런을 불렀어요.
"애야, 너 학교 야구팀 선수니?"
"아니오, 우리 학교에는 야구팀이 없는걸요."
애런의 대답에 신사는 의아하다는
표정으로 다시 물었어요.
"그럼 어디서 야구를 배웠니?"
"그냥…… 저 혼자 연습했어요."
신사는 놀라워하며 그제야 자신의 신분을 밝혔어요.
그는 지역 야구팀의 구단주였지요.

"너 우리 팀에서 선수로 뛸 생각 없니?
그러면 나중에 야구 장학생으로
대학에도 갈 수 있을 거야."
신사의 갑작스런 제안에 애런은 꿈을 꾸는 것 같았어요.
자신이 그토록 바라던 야구 선수가 되다니요!
애런은 고민할 것도 없이 신사의 말을 따르기로 했어요.
그것이 훗날 홈런왕이 되는
행크 애런의 역사적인 첫걸음이었지요.
정식으로 야구 지도를 받게 된 애런의 실력은
하루가 다르게 쑥쑥 늘어갔어요.

당시 15살이었던 애런은
지역 야구팀과 흑인 리그를 거쳐
1952년, 드디어 보스턴 브레이브스에 입단하게 됐어요.
그 팀은 곧 연고지를 옮겨 밀워키 브레이브스가 됐지요.
애런은 그곳에서 자신의 실력을 마음껏 뽐냈어요.
"아니, 저 검둥이는 누구야?"
"행크 애런이라더군. 야구를 제법 하더라고."
그 무렵만 해도 미국은 인종 차별이 꽤 심했어요.
관중들은 처음에 애런을 무시했지만,
머지않아 그의 실력을 인정할 수밖에 없게 되었지요.

그도 그럴 것이,

애런은 겨우 22살의 나이에 타격왕에 올랐어요.

어디 그뿐인가요. 이듬해에는 바로 홈런왕이 되었고,

최우수선수로 뽑히기도 했지요.

그리고 월드시리즈에 진출해서는

팀을 우승으로 이끌었어요.

"당신 덕분에 우리 팀이

무려 43년 만에 우승을 하게 되었소.

고마워요, 행크 애런!"

승리가 결정된 순간,

한 팬은 애런을 부둥켜안고 이렇게 말했어요.

그 후에도 애런의 질주는 거침없었어요.

30살을 훌쩍 넘기도록 매년 꾸준하게 많은 홈런을 쳤고

그에 못지않게 정교한 타격과 도루 솜씨도 발휘했지요.

한 방울씩 똑똑 떨어지는 물이

결국 바위를 뚫는다고 했던가요?

그러다 보니, 어느새 애런은 여러 타격 분야에서

신기록 경신을 눈앞에 두게 됐어요.

특히 홈런이 그랬지요.

"와, 행크 애런이 벌써 500개가 넘는 홈런을 쳤네!"

사람들은 그 사실을 알고 새삼 깜짝 놀랐어요.

그때까지 통산 홈런 기록은
베이브 루스가 기록한 714개였어요.
아직까지 200개 정도 차이가 났지만,
애런은 담담하게 말했지요.
"솔직히 나는 홈런 기록을 깨고 싶은 욕심이 있어요.
하지만 아직 갈 길이 멀다는 것도 잘 알고 있답니다."
애런은 자신의 말대로
홈런 신기록을 세우겠다는 목표를 가졌어요.
그러기 위해 그는 다만 한 경기,
한 경기 더욱 최선을 다했지요.

그렇게 세월이 흘러,

어느덧 1973년 시즌이 막을 내렸어요.

그때까지 애런이 기록한 홈런 수는 713개.

베이브 루스의 기록에 단 1개만을 남겨 놓았지요.

새로운 시즌이 시작되면 신기록 달성은

시간문제일 뿐이었어요.

그런데 그 해 말부터 애런에게

야구팬들의 편지가 쏟아졌지요.

그 내용은 정말 끔찍하고 어처구니가 없었어요.

'검둥이!

너는 베이브 루스의 기록을 깨기 전에 죽어 버려야 해!'

편지를 보낸 사람들은 대부분 백인이었어요.

그들은 흑인이 홈런 신기록을

세우는 것을 바라지 않았지요.

사람들은 애런의 안전을 걱정했어요.
갑자기 누가 그를 해칠지 몰랐으니까요.
그럼에도 애런은 경기장에 나서는 것을
두려워하지 않았어요.
"난 베이브 루스를 깨려는 것이 아니야.
나는 야구 선수로서 묵묵히 내 길을 갈 따름이야."
곧 1974년 시즌이 개막되었고,
애런은 첫 다석에서 홈런을 날려
단박에 베이브 루스의 기록과 같아졌어요.
그리고 그 해 4월 8일,
마침내 715호 홈런을 힘껏 쏘아 올렸지요!

관중들은 야구 역사에 새로운 장이
열리는 것을 보며 환호했어요.
"절대 깨질 것 같지 않은 홈런 기록이었는데…….
대단해!"
경기장에는 신기록을 알리는 폭죽이 펑펑 터졌어요.
감격에 겨운 얼굴로 베이스를 돌아온 애런은
홈플레이트에서 기다리고 있던 어머니와 포옹했지요.
두 사람은 목화 농장에서 일하던
옛날을 떠올리며 울먹였어요.
"사랑해요, 엄마……."
"장하다, 내 아들……."
그 순간만큼은 그들이 세상에서
가장 행복한 사람들이었지요.

부록

행크 애런(1934~)이 남긴 기록

[투수 통산 성적]

* 출전 경기 ; 3,298경기
* 타율 ; 3할 5리
* 장타율 ; 5할 5푼 5리
* 출루율 ; 3할 7푼 4리
* 홈런 ; 755개
* 안타 ; 3,771개
* 타점 ; 2,297점
* 득점 ; 2,174점
* 도루 ; 240개
* 볼넷 ; 1,402개

[그 밖의 주요 기록]

* 1974년 베이브 루스의 714개 통산 홈런 기록 갱신
* 23년 동안 연평균 33홈런 기록
* 40홈런 이상 8번, 30홈런 이상 15번 포함 20년 연속 20홈런 이상 기록
* 통산 타점(2297점) 신기록
* 22년 연속 올스타전 출전
* 1963년 30홈런-30도루 기록
* 1982년 명예의 전당에 이름을 올림

야구가 **궁금해**

최초의 프로 야구팀 창단

1869년 마침내 미국에서 신시내티 레드스타킹스라는 최초의 프로 야구팀이 창단되었다. 그리고 1875년 신시내티·세인트루이스·루이스빌 등에서 잇따라 프로 야구팀이 생겨나 내셔널리그(national league)가 탄생했다. 프로 야구에 대한 미국인들의 반응은 초기부터 뜨거웠다. 그러자 1882년 아메리칸 어소시에이션이라는 새로운 리그가 만들어졌고, 1901년 아메리칸리그(american league)로 발전했다. 그때부터 미국 프로야구는 내셔널리그와 아메리칸리그라는 양대 리그가 확고히 자리 잡았다. 그와 함께 야구 규칙과 경기 기술도 다양한 변화를 선보여 희생번트(sacrifice bunt), 히트앤드런(hit and run) 등이 등장했고 좀 더 효율적인 베이스러닝(base running)이 강조되었다. 나아가 1920년 보스턴 레드삭스에서 뉴욕 양키스로 팀을 옮긴 베이브 루스가 54개의 홈런을 날린 것을 계기로 미국 프로야구는 새로운 전환점을 맞이했다. 어설픈 구식 야구 시대가 가고, 공격과 수비 양면에 걸쳐 더욱 세련된 기술의 현대 야구가 펼쳐지게 된 것이다. 비단 프로야구뿐만 아니라 학생들을 중심으로 한 아마추어 야구의 수준도 부쩍 높아지면서 관중 역시 폭발적으로 늘어났다. 바야흐로 야구의 황금시대가 활짝 열린 것이다.

우리나라의 야구 역사

우리나라에 야구가 정식으로 도입된 것은 1905년이었다. 당시 선교사로 온 미국인 질레트가 황성기독교청년회 회원들에게 야구를 가르친 것이 시초였다. 그 뒤 우리나라 야구는 꾸준히 발전해 1982년 프로야구가 탄생하기에 이르렀다. 그 해 3월 27일 지금은 사라진 서울동대문야구장에서 역사적인 첫 경기가 열렸는데, 엠비씨(MBC) 청룡과 삼성 라이온즈의 대결에서 이종도 선수가 연장 10회에 끝내기 만루 홈런을 친 엠비씨 청룡이 승리했다. 2012년 현재 한국 프로 야구 구단은 '두산 베어스', '엘지(LG) 트윈스', '넥센 히어로즈', '에스케이(SK) 와이번스', '한화 이글스', '삼성 라이온즈', '기아 타이거즈', '롯데 자이언츠' 8개 팀이다. 1986년 '한화 이글스'(당시는 빙그레 이글스)가 창단되고, 1991년에 지금은 없어진 '쌍방울 레이더스'가 참여하면서 8개 구단 체제가 확립됐다. 그 후 몇몇 구단의 팀 명칭이 바뀌는 등 변화가 있었지만 오랫동안 8개 구단 체제가 운영되고 있다. 향후 2~3년 안에는 제9구단 '엔씨소프트(NC) 다이노스' 등 새로운 구단이 리그 경기에 참여할 예정이다.

끝날 때까지는 끝난 것이 아니야
요기 베라

텔레비전으로 메이저리그 경기가 중계되고 있었어요.
카메라가 한 선수의 얼굴을 비췄지요.
마침 1루 주자였던 그는
상대 팀 1루수와 쉴 새 없이 이야기를 나누고 있었어요.
그 모습을 본 중계 아나운서가 웃으며
해설자에게 물었지요.
"요기 베라 선수,
오늘도 역시 수다를 떠느라 정신없군요.
도대체 경기 중에 무슨 할 말이 저렇게 많을까요?"
그러자 해설자도 고개를 절레절레 흔들며 껄껄댔어요.

"허허허! 저 선수 수다쟁이로 소문났잖습니까?
타자들이 타격에 집중하기
어려울 정도라고 하니 말 다했지요."
그랬어요, 요기 베라는 뉴욕 양키스 포수였는데
수비를 할 때조차 조용히 입을
다무는 법이 거의 없었어요.
그렇다고 뭐 대단한 이야기를 하는 것도 아니었지요.
타자가 타석에 들어서면 온갖 농담을 지껄여댔어요.
"너 어제 술 마셨구나? 아직도 냄새가 풀풀 나."
"네 아들 시험 잘 봤니?
이번에도 또 빵점 맞은 거 아니야?"
언제나 이런 식이니
타자가 어수선해서 허둥댈 수밖에 없었지요.

그처럼 괴짜 같은 베라의 성격은
타격을 할 때도 엿볼 수 있었어요.
그에게는 스트라이크 존이라는 것이
별 의미가 없었지요.
얼핏 아무 공에나 배트를
막 휘두르는 것처럼 보였으니까요.
그런데 희한하게도 낮은 공은 퍼 올리고,
높은 공은 내리치고,
멀찍이 벗어난 바깥쪽 공은
팔을 쭉 뻗어 안타를 만들어 냈어요.
"어이쿠! 저런 공을 칠 생각을 하다니……."
관중들은 어처구니없는 표정으로
놀라움을 감추지 못했지요.

하지만 그 비밀을 알고 보면,

그것은 베라의 남다른 능력 때문에 가능한 일이었어요.

그는 손목 힘이 매우 좋아

배트를 빠르고 강하게 휘둘렀지요.

타격 코치는 그런 베라를 보며 감탄했어요.

"이보게, 자네는 야구 선수로서 특별한 재능을 타고났어.

무엇보다 배트를 잘 다루어야

좋은 타격을 할 수 있는 법이지."

만약 다른 선수들이 엉뚱한 공에

스윙을 했다면 혼이 났을 거예요.

오직 베라만이 예외였지요.

그도 그럴 것이, 베라는 찬스에 더욱 강했어요.
비록 스트라이크가 아닌 공에 배트를 휘두르고는 했지만
어김없이 안타를 만들어 내 득점을 올렸지요.
그런 까닭에 상대 팀에서는 위기 때
베라를 가장 경계했어요.
"베라가 나오면 그냥 볼넷으로 내보네.
차라리 그러는 편이 나아."
심지이 이린 직진이 나올 만금
베라는 공포의 대상이었지요.
실제로 그는 주자가 없을 때보다 있을 때
타율이 훨씬 높았어요.

어디 그뿐인가요.

베라는 수다쟁이였지만,

메이저리그 최고의 포수였어요.

그가 포수로서 실책을 범하는

경우는 손에 꼽을 정도였지요.

"자, 마음껏 던져. 어떤 공이든지 내가 받아줄 테니까!"

베라는 항상 투수들에게 자신감을 불어넣어 줬어요.

상대 팀의 공격으로 위기가 닥칠 때면

그는 천천히 마운드로 걸어가

흔들리는 투수를 위로했지요.

"너무 걱정하지 마.

지금 네 공에는 아무런 문제도 없어.

단지 타자에게 행운이 따랐을 뿐이야."

그 말은 투수에게 큰 힘이 되어 주었어요.
덕분에 얼굴이 하얗게 질려 있던 투수는
곧 마음을 가라앉히고
자신이 할 수 있는 최선의 투구로
위기를 벗어나고는 했지요.
무사히 이닝을 마친 투수는
베라에게 다가와 악수를 청했어요.
"고마워, 베라. 내가 공을 던지기는 했지만
타자를 아웃시킨 사람은 바로 너야."
그럴 적마다 베라는 또다시 수다를 떨어대며
별 일 아니라는 듯 빙그레 미소 지을 따름이었지요.

사실 야구에서 포수는 가장 힘든 포지션이에요.
경기 내내 앉았다 일어서기를 반복하며,
100개가 훌쩍 넘는 투수의 공을 받아내야 하지요.
때로는 타자가 친 공에 맞아
참기 힘든 고통을 겪기도 하고요.
"악! 이번엔 발등이야…….
온몸에 멍이 사라질 날이 없네……."
그렇지만 포수는 자신의 아픔을 쉬 드러내지 못해요.
자칫 동료 선수들의 사기가 떨어질까 봐
염려하기 때문이지요.
포수는 늘 "파이팅!"을 외치며
조용히 신음소리를 삼킬 뿐이에요.

그럼에도 경기에서 이기고 난 다음에
가장 큰 박수를 받는 것은
항상 투수나 결정적인 홈런을 친 선수예요.
포수는 궂은일을 도맡아 하고도
좀처럼 주목받지 못하지요.
1956년,
놀랍게도 월드시리즈에서 퍼펙트게임이 이루어졌어요.
뉴욕 양키스가 브루클린 다저스를 상대로
완벽한 승리를 거두었는데,
당시 포수가 요기 베라였지요.
"오늘 베라의 투수 리드는 환상적이었어.
타자들의 허를 찔렀지."
여러 야구 전문가들이 그날의 일등공신으로
베라를 칭찬했어요.

하지만 관중들은 대부분
그 경기의 승리투수였던
돈 라센에게 몰려가 환호했어요.
언론도 마찬가지였지요.
'돈 라센, 월드시리즈에서 퍼펙트게임 달성!
야구 역사에 길이 남을 대기록!'
신문에는 마지막 타자를 아웃시키고 감격해 하는 투수와
마운드로 달려가 그를 부둥켜안은
베라의 사진이 실렸어요.
비록 두 사람이 함께 환하게 웃고 있었지만,
누가 보아도 그날의 주인공은 투수 돈 라센이었지요.

사람들은 그 일로 베라가
크게 실망할 것이라고 생각했어요.
그러나 뜻밖에도 그는 전혀 개의치 않는 표정이었지요.
"원래 포수라는 자리가 그런 것이잖소.
어머니처럼 있는 듯 없는 듯
묵묵히 집안 살림을 꾸려갈 뿐이지."
그러면서 베라는 덧붙여 말했어요.
"나는 이렇게 야구를 할 수 있다는
사실만으로도 행복하오.
가난한 이탈리아 이민자 아들이 이만하면 성공했지 뭐."

베라의 말은 결코 거짓이 아니었어요.
그는 어린 시절 집이 너무 가난해
일찌감치 학교를 그만두고 공장에서 일을 해야 했지요.
오직 야구만이 그의 미래이고 희망인 시절이었어요.
"나는 나중에 꼭 프로 야구 선수가 될 거야.
일하는 틈틈이 열심히 연습을 하면 그렇게 될 수 있어!"
그러니 자신의 말처럼
메이저리그 야구 선수가 된 것만으로도
얼마나 행복했겠어요.
그런 현실이 한없이 소중하기도 했고요.

요기 베라는 키도 172센티미터밖에 되지 않았어요.
미국 야구 선수로서는 아주 작은 키였지요.
그렇지만 그는 포기하지 않았기에
명포수로 이름을 날렸어요.
그 결과 베라는 야구 인생을 통틀어
모두 10개의 우승 반지를 손에 끼게 되었지요.
"끝날 때까지는 절대 끝난 것이 아니다!"
이것은 베라가 훗날 뉴욕 메츠 감독이 되어 한 말이에요.
바로 그런 정신력으로,
그는 전설적인 야구 선수가 되었지요.

부록

요기 베라(1925~)가 남긴 기록

[투수 통산 성적]

* 출전 경기 ; 2,120경기
* 타율 ; 2할 8푼 5리
* 장타율 ; 4할 8푼 2리
* 출루율 ; 3할 4푼 8리
* 홈런 ; 358개
* 안타 ; 2,150개
* 타점 ; 1,430점
* 득점 ; 1,175점
* 도루 ; 30개
* 볼넷 ; 704개

[그 밖의 주요 기록]

* 뉴욕 양키스에서 풀타임으로 뛴 17년 동안 14번 월드시리즈 진출 및 10번 우승
* 포수로서는 역대 최다인 11년 연속 80타점 기록
* 포수 중 역대 통산 홈런 기록 4위
* 총 9명의 최우수선수(MVP) 3회 수상자 중 한 명
* 1951년 투수 앨리 레이놀즈와 2번의 노히트노런, 1956년 투수 돈 라센과 1번의 퍼펙트게임 달성
* 1958년 포수로서 시즌 내내 무실책 경기(88경기) 기록
* 1972년 명예의 전당에 이름을 올림

야구가 궁금해

투수의 유형

투수는 야구 경기에서 매우 중요한 포지션이다. 투수가 공을 잘 던지면 상대 팀 공격이 시작부터 완벽히 차단되기 때문이다. 투수는 공을 던지는 폼에 따라 오버핸드스로(overhand throw) 투수 · 언더핸드스로(underhand throw) 투수 · 사이드암스로(sidearm throw) 투수로 구분할 수 있다. 오버핸드스로 투수는 팔을 머리 뒤쪽으로 넘겨 머리 위로 휘두르며 던지는 식의 투구 방법을 이용한다. 언더핸드스로 투수는 팔을 허리 아래에서 위로 쳐올리듯이 투구한다. 일명 '잠수함 투수'라고 불린다. 사이드암스로 투수는 오버핸드스로와 언더핸드스로의 중간쯤 되는 폼으로 팔을 어깨 높이로 해서 던진다. 오버핸드스로보다 팔이 약간 내려온 형태로 공을 던지는 투수도 있는데, 그런 유형은 스리쿼터스로(threequarter throw)라고 한다.

야구공과 배트 그리고 글러브

야구공은 코르크(cork)나 고무 등의 재료로 만든 작은 심에 실을 감은 뒤, 말가죽이나 쇠가죽 두 쪽으로 감싸서 단단하게 만든다. 둘레는 22.9~23.5센티미터, 무게는 141.7~148.8그램이다. 두 쪽의 가죽을 묶는 실밥 수는 108개. 실밥은 야구공의 속력을 높이는 역할을 한다. 실밥이 없으면 정면의 공기 저항은 줄어들지만 측면과 후면의 저항이 늘어나 구속이 떨어진다. 배트는 아마추어와 프로에서 사용하는 것이 다르다. 아마추어 야구는 알루미늄으로 만든 것을, 프로 야구에서는 나무로 만든 것을 쓴다. 나무 배트는 주로 물푸레나무나 단풍나무로 만들며, 반드시 한 가지 재질만 사용해야 한다. 굵기는 가장 굵은 부분의 지름이 7.3센티미터, 길이는 106.8센티미터 이하여야 한다. 무게에 대한 제한은 없다. 글러브는 야구 선수들이 착용하는 가죽 장갑을 일컫는다. 엄지와 검지 사이가 그물 모양으로 막혀 있어 공을 잡기 편리하다. 글러브는 선수들의 포지션마다 그 모양이 조금씩 다르다. 이를테면 포수 글러브는 원형에 가까운 모양으로 공이 잘 빠져나가지 않게 만들어져 있다. 또한 내야수의 글러브가 외야수 것보다 조금 작은 편이며 무게도 가볍다. 그 이유는 내야수가 날렵하게 공을 잡아 재빨리 던져야 하는 경우가 많기 때문이다. 포수와 1루수가 사용하는 글러브는 특별히 미트(mitt)라고 부른다.

최초의 흑인 메이저리거
재키 로빈슨

2004년 4월 15일, 여느 때처럼 미국 각지에서
메이저리그 야구 경기가 열렸어요.
관중들은 자신이 응원하는 팀을 위해
아낌없이 박수를 보냈지요.
그런데 그날 경기는 뭔가 다른 점이 있었어요.
웬일인지 모든 선수들이
등번호로 42번을 달고 나왔지 뭐예요.
그 모습을 본 관중석이 술렁거렸어요.
"아니, 왜 양 팀 선수들의 등번호가 전부 똑같지?"
그때, 장내 아나운서가 그 이유를 알리는 방송을 했어요.

"관중 여러분, 오늘은 '재키 로빈슨의 날'입니다!
이제 해마다 그가 메이저리그에
데뷔한 날을 기념할 것입니다."
그제야 관중석 여기저기서
고개를 끄덕이는 사람들이 보였어요.
많은 사람들이 재키 로빈슨을 알고 있는 듯했지요.
장내 아나운서의 말이 이어졌어요.
"재키 로빈슨의 선수 시절 등번호는 42번이었습니다.
오늘은 모든 선수들이
그 번호를 달고 경기를 펼칠 것입니다!"
그러자 관중들이 자리에서 일어나
박수를 치며 환호했어요.

이미 1997년 재키 로빈슨의 등번호는
메이저리그 전 구단이 영구결번으로 지정했어요.
거기에 더해 이제는
'재키 로빈슨의 날'까지 만들어진 것이지요.
과연 재키 로빈슨이 어떤 사람이었기에
그런 일이 가능했을까요?
그는 다름 아닌, 메이저리그 최초의 흑인 선수였어요.
아마도 지금 이 책을 읽는 많은 어린이들은
"에이, 그게 뭐 대단하다고……." 하며
시큰둥해할지 모르겠네요.
하지만 60여 년 전만 해도 그 일은
대단한 사건이었어요.

당시 미국 사회는 인종 차별이 극심했어요.

흑인은 학교에서 백인들과 떨어져 따로 교육을 받았고

제대로 된 직업을 갖기도 어려웠지요.

심지어 버스에도 흑인만을 위한 자리가 따로 있었어요.

그마저 백인이 다가와 요구하면 양보해야 했고요.

"아니, 내 돈 내고 탄 버스인데 왜 이래요?"

만약 흑인이 백인에게 이런 말을 했다면,

그 사람은 법을 어긴 죄로 경찰서에 끌려가야 했지요.

그러니 어쩌면 메이저리그 팀에

흑인이 없는 것은 당연했어요.

그러던 어느 날, 브루클린 다저스의 단장을 맡고 있던
브랜치 리키가 중대한 결심을 했어요.
"미국 땅에서 흑인 노예가 해방된 것이 언제인데,
아직도 그들을 차별하는 것은 야만스런 짓이야!"
물론 리키는 백인이었는데,
에이브러햄 링컨을 무척 존경했지요.
그는 친구에게 자신의 야구팀에서 뛸
흑인 선수를 알아봐 달라고 부탁했어요.
며칠 후,
친구는 날렵한 몸매의 한 흑인을 리키에게 데려왔지요.

흑인이 어리둥절한 표정으로 자신을 소개했어요.
"안녕하세요……. 저는 재키 로빈슨입니다."
그러자 리키가 빙긋 웃으며 말했지요.
"반갑네, 검둥이. 자네 야구 선수가 될 생각 없나?"
리키는 일부러 '검둥이'라는 단어에
힘을 주어 이야기했어요.
로빈슨이 얼마나 참을성이 있는지
시험해보려는 것이었지요.
로빈슨은 불끈 화가 치밀었지만,
야구 선수라는 말에 겨우 마음을 가라앉히고 물었어요.

"저도 운동선수가 되는 것이 꿈입니다.
하지만 흑인은 메이저리그 야구 선수가
될 수 없잖아요?"
그러자 리키는 손사래를 치며 자신의 생각을 말했어요.
"내가 그런 현실을 바꿔볼 작정이네. 실력만 된다면,
반드시 흑인인 자네를
메이지리그 경기장에서 뛰게 하고 싶어."
그러면서 리키는 더욱 진지한 표정으로 말을 이었어요.
"단, 한 가지 조건이 있네."

로빈슨은 눈을 동그랗게 뜨고 리키를 바라봤어요.
리키의 입에서 나온 말은 야구에 관한 것이 아니었지요.
"내가 자네에게 요구하는 것은 참을성이네.
어떤 모욕도 이겨낼 수 있는 진정한 용기 말일세."
로빈슨은 그 이야기가 무슨 뜻인지 금세 알아챘어요.
그것은 메이저리그 무대에 선 흑인 선수에게 가해질
상상 이상의 비난과 위협에 대한 경고였지요.

잠시 망설이던 로빈슨이 리키에게 말했어요.
"좋아요, 메이저리거가 될 수 있다면
어떤 욕설과 시비도 참아내지요. 약속해요."
로빈슨의 다짐에 리키는 그제야 마음이 놓였어요.
그는 로빈슨을 일단 마이너리그 팀에 보내
실력을 쌓게 했지요.
워낙 운동신경이 뛰어났던 로빈슨은 곧 두각을 나타냈고
1947년 4월 15일,
드디어 메이저리그 경기에 나서게 됐어요.
최초의 흑인 메이저리거가 탄생하는
역사적인 순간이었지요.

그러나 현실은 역시 만만치 않았어요.
관중들은 로빈슨이 실수한 것도 없는데 야유를 보냈고,
동료 선수들마저 곁에 오지 말라며
팀에서 쫓아낼 궁리만 했지요.
심판들도 그에게만 억울한 판정을 내리기 일쑤였어요.
상대 팀 선수들은 위협적인 행동을 하며
심한 욕설을 퍼부었지요.
"이봐, 검둥이!
신성한 야구장에서 썩 꺼지지 못해!"
동료 선수들은 그런 말을 듣고도
일부러 로빈슨을 외면했어요.

로빈슨은 그때마다

가슴속에 슬픔이 물밀 듯 밀려왔어요.

너무 화가 나서 당장 주먹을 날리고도 싶었지요.

그렇지만 로빈슨은 꾹 참았어요.

'내가 여기서 감정적으로 행동하면

저 사람들한테 지는 거야.

이 시련을 꿋꿋이 이겨내는 것만이 이기는 길이야.'

로빈슨은 경기장을 달리며 이를 악물었어요.

그의 검은 얼굴에 남몰래

한 줄기 뜨거운 눈물이 흘러내렸지요.

한 해 두 해 시간이 지나도,
상황은 별로 달라지지 않았어요.
"다음 경기에 네가 나오면 총알 세례를 받을 줄 알아!"
백인 관중들은 끊임없이 로빈슨을 협박했어요.
어느 감독은 고의로 그를 다치게 하라고
자기 팀 선수에게 어처구니없는 지시를
내리기도 했지요.
그러나 분명, 로빈슨의 인내력과 탁월한 야구 실력은
주변 사람들을 조금씩 변하게 했어요.
먼저 같은 팀 동료 선수들이 하나둘
그를 인정하기 시작했지요.
이따금 그에게 다가와 하이파이브를 건네기까지 했어요.

그렇게 재키 로빈슨의 메이저리그 생활은
10년간 이어졌어요.
그 사이 브루클린 다저스는 월드시리즈에서 우승했고
로빈슨은 최우수선수에 선정되기도 했지요.
비록 흑인이라는 약점이 있었지만,
타율과 도루와 타점 등에서
두루 1~2위를 기록할 만큼
원체 실력이 뛰어났으니까요.
하지만 무엇보다 중요한 변화는 그 10년의 시간 동안
메이저리그에 흑인 선수들이 점차 늘어났다는 점이에요.
그가 은퇴할 무렵,
흑인 선수 수는 이미 100명이 훌쩍 넘었지요.

부록

재키 로빈슨(1919~1972)가 남긴 기록

[투수 통산 성적]

* 출전 경기 ; 1,382경기
* 타율 ; 3할 1푼 1리
* 장타율 ; 4할 7푼 4리
* 출루율 ; 4할 9리
* 홈런 ; 137개
* 안타 ; 1,518개
* 타점 ; 734점
* 득점 ; 947점
* 도루 ; 197개
* 볼넷 ; 740개

[그 밖의 주요 기록]

* 1949년 타율 및 도루 1위, 타점 및 최다안타 2위를 기록하며 내셔널리그 최우수선수(MVP) 선정
* 선수 시절 동안 모두 19차례의 단독 홈스틸 성공
* 1997년 메이저리그 데뷔 50주년을 기념해, 그의 등번호 42번이 최초로 전 구단 영구결번으로 결정됨
* 1949~1954년 6년 연속 올스타 선정
* 1962년 흑인 선수 최초로 명예의 전당에 이름을 올림

야구가 궁금해

야구 경기장

야구 경기장은 홈플레이트를 중심으로 부채꼴 모양으로 되어 있고, 내야와 외야로 구분된다. 내야는 4개의 베이스를 꼭짓점으로 한 다이아몬드 형태이며, 외야는 내야를 벗어난 지점부터 펜스가 둘러쳐진 곳까지 포함된다. 야구장을 만들 때는 먼저 홈플레이트의 위치를 정한다. 그리고 그 지점부터 38.79미터의 거리를 재서 2루 베이스를 설치한다. 그 다음 홈플레이트와 2루 베이스를 기점으로 각각 27.43미터가 교차하는 지점을 확인한다. 홈베이스에서 봤을 때 그 오른쪽이 1루이며, 왼쪽이 3루가 된다. 결국 홈베이스와 2루 베이스 사이를 제외한 각 베이스의 거리는 모두 27.43미터인 것이다. 투수가 공을 던질 때 밟는 투수판과 포수가 공을 받는 위치인 홈플레이트의 거리도 일정하게 정해져 있다. 그 거리는 18.44미터. 베이스는 주자가 득점하기 위해 신체의 일부로 반드시 접촉해야 하는 4개의 지점을 말한다. 그 모양을 살펴보면 1·2·3루 베이스는 정사각형 형태의 직육면체이다. 한 변의 길이는 38.1센티미터이고, 두께는 7.6~12.7센티미터이다. 그와 달리 홈플레이트는 오각형이다. 투수 방향 한 변의 길이가 43.2센티미터며 좌우 타석 쪽 양변의 길이는 21.6센티미터, 그리고 포수 쪽 삼각형 모양의 돌출된 두 변은 각각 30.5센티미터이다. 대형 야구장의 경우 관중석은 내야석과 외야석으로 구분된다. 일반적으로 내야 관중석에 더 많은 좌석이 설치되며, 소규모 구장은 외야에 관중석이 없는 곳도 있다. 대부분의 야구장에서 1루 쪽에는 홈

팀 팬들이, 3루 쪽에는 원정팀 팬들이 앉아 응원을 펼친다. 흔히 야구의 꽃은 홈런이라고 한다. 한 방의 홈런으로 경기 결과가 달라질 수 있기 때문이다. 홈런이 되려면 타자가 친 공이 외야를 지나 펜스를 넘어가야 한다. 야구장마다 홈플레이트에서 펜스까지 거리는 일정하지 않다. 또한 야구장에 깔린 잔디는 천연 잔디와 인공 잔디로 구분할 수 있다. 천연 잔디는 말 그대로 자연에서 나고 자라는 살아 있는 잔디이다. 그에 비해 인공 잔디는 합성섬유로 만든다. 관리가 쉽고 사계절 초록 빛깔을 유지하는 장점이 있지만, 자칫 선수들이 부상을 당할 위험이 높다.

야구 경기의 심판

야구 경기의 심판은 4명으로 구성된다. 홈플레이트 뒤에서 볼카운트를 판정하는 1명의 주심과 1·2·3루 각 베이스 근처에서 경기에 대한 판정을 내리는 3명의 부심으로 이루어지는 것이다. 야간 경기나 특별히 중요한 경기의 경우에는 라이트 및 레프트 선상에 선심을 각각 1명씩 배치해 판정의 정확도를 높이는 경우도 있다.

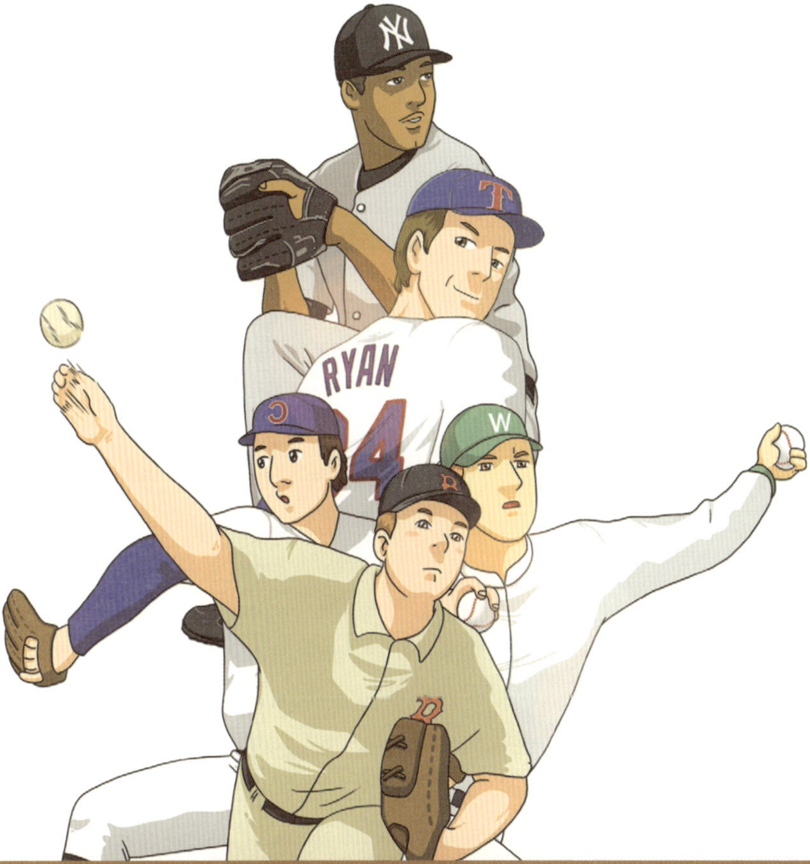

메이저리그 야구 전설들

사이 영 / 월터 존슨 / 놀란 라이언 / 그레그 매덕스 / 마리아노 리베라

화려함보다 꾸준함이 중요해
사이 영

2011년 메이저리그 시즌이 끝난 뒤,
미국 언론들은 일제히 그 해
사이영상 수상자를 발표했어요.
'내셔널리그 수상자, 엘에이 다저스의 클레이튼 커쇼!
아메리칸리그 수상자,
디트로이트 타이거스의 저스틴 벌랜더!'
그 소식을 들은 양 선수의 팬들은 환호했어요.
"축하해요, 벌랜더. 당신은 최고의 투수예요!"
"커쇼는 이제 겨우 23살이야.
그가 앞으로 얼마나 더 멋진 투수가 될지 기대되는군."

도대체 사이영상이 무엇이기에
수많은 야구팬들이 그처럼 흥분하며 기뻐했을까요?
사이 영은 1890년 메이저리그에 데뷔한 투수였어요.
22년 동안 활동하며, 무려 511승이나 올렸지요.
1955년, 그가 사망하자
메이저리그 사무국이 회의를 열었어요.
때마침 그 무렵 한 해 동안 최고의 활약을 펼친
투수에게 수여할 상을 만들려는 움직임이 있었지요.
"이번에 제정하려는 상의 명칭을
사이영상으로 하면 어떨까요?"

한 사무국 위원의 말에 다른 사람이 반대 의견을 냈어요.
"난 사이 영보다 월터 존슨이
더 훌륭한 투수라고 생각합니다.
최고의 투수에게 주는 상에는
마땅히 그의 이름을 붙여야 해요."
그러자 위원들은 한동안 사이 영과 월터 존슨 사이에서
이러쿵저러쿵 옥신각신했어요.
결국 투표로 상의 명칭을 정하기로 했지요.
그 결과 과반수를 약간 넘긴 지지로
'사이영상'이 결정됐어요.

비록 다른 의견이 있어 투표를 하기는 했지만
누구도 사이 영이 그런 영광을 차지하기에
부족한 선수라고 생각하지는 않았어요.
그럼 그가 어떤 선수였는지
좀 더 자세히 이야기해 볼까요?
사이 영은 오렌지 농장을 하는 집에서
큰아들로 태어났어요.
어쩌면 야구공처럼 생긴 오렌지가
그의 미래를 예견하는 것이었다고 말할 수도 있겠네요.
어릴 적부터 운동을 좋아했던 영은
야구 선수의 길을 선택했어요.

영이 처음에 입단한 팀은 클리블랜드 스파이더스였어요.
그곳에서 9년 동안 241승을 올리며
에이스로 활약했지요.
영의 공은 매우 빨라 타자들이 쳐내기가 까다로웠어요.
그의 공을 받는 포수들도 고생스러웠지요.
경기 중에는 어쩔 수 없지만,
연습 때면 하소연이 쏟아졌어요.
"으악! 손이 너무 아파…….
네 공은 마치 사이클론 같단 말이야."
사이클론은 일종의 태풍이에요.
그만큼 영이 던지는 공이
빠르고 강력하다는 의미였지요.

그때마다 영은 머쓱한 표정을 지었어요.

그렇다고 일부러 공을

살살 던질 수는 없는 노릇이었지요.

어느 날, 팀의 주전 포수가 한 가지 꾀를 냈어요.

"옳지, 그러면 되겠구나!"

그는 무릎을 탁 치더니,

두툼한 고깃덩어리를 구해와 미트 속에 집어넣었어요.

효과는 만점이었어요.

그것이 공을 받을 때 손바닥에 느껴지는

통증을 줄여주었지요.

사실 옛날에는 공을 던지는 투수와
공을 받는 포수의 거리가
지금보다 1.5미터쯤 가까웠어요.
그러다가 오늘날과 같은 18.44미터로 바뀐 데는
영처럼 빠른 공을 던지는 투수들이 큰 영향을 끼쳤지요.
영의 명성은 지금의 세인트루이스 카디널스와
보스턴 레드삭스로
팀을 옮기면서 점점 더 높아졌어요.
"사이 영이 등판하는 날은 우리 팀이 승리하는 날이야!"
그에 대한 동료 선수와 팬들의 믿음은 더욱 깊어갔지요.

그런데 영이 팀의 에이스가 된 까닭은
단지 공이 빠르기 때문이 아니었어요.
그는 오히려 그런 장점을 쓸데없이
뽐내려고 하지 않았지요.
하루는 동료 선수가 영에게 물었어요.
"너는 빠른 공을 던지는데, 왜 삼진을 욕심내지 않니?"
흔히 투수들은 강속구를 던져
타자가 배트에 공을 맞히지도 못할 때
짜릿한 쾌감을 느껴요.
자기가 타자를 완전히 제압했다고 생각하기 때문이지요.
그런 점을 잘 아는 동료 선수는
종종 영이 이해되지 않았어요.

왜냐고요?

영은 꼭 필요할 때가 아니면,

강속구를 잘 던지지 않았어요.

그보다는 타자가 배트를 휘두르게 유인하는 공을 던져

수비수들의 도움으로 아웃을 시키려고 했지요.

동료 선수의 물음에

영은 살짝 미소를 지으며 대답했어요.

"맞아, 투수의 즐거움 중 하나는

타자를 삼진 아웃시키는 거야.

하지만 그보다 더 큰 즐거움은

많은 이닝을 책임지는 것이지."

그러면서 영은 동료 선수에게 되물었어요.

"너 한번 말해 봐. 투수가 타자를
스트라이크 아웃시키려면 몇 개의 공을 던져야 하지?"
"그야 적어도 3개의 공을 던져야 하잖아."
동료 선수의 대답에 영은 냉큼 말을 받았어요.
"그래, 바로 그거야!
삼진 아웃은 3개 넘게 공을 던져야 하지만,
수비수의 도움을 받으면 1개의 공으로노
타자를 잡을 수 있지."
그제야 동료 선수는 영의 행동과 말이 이해됐어요.

그랬어요, 영은 선발투수로서
되도록 많은 이닝을 던지기 위해
스스로 강속구를 아꼈던 거예요.
투수가 한 경기에서 200개,
300개 공을 던질 수는 없으니까
자신의 짜릿한 기분보다는 팀을 더 생각했던 것이지요.
앞서 사이영상이 만들어질 때,
그를 지지했던 사람들에게는 분명한 이유가 있었어요.
"사이 영 못지않게 뛰어난 투수는 더 있습니다.
하지만 그만큼 꾸준히 팀을 위해 헌신한 투수는 없지요."
그런 믿음은 실제로 영의 기록이 증명하고 있어요.

영은 22년 동안 선수 생활을 하면서
부상을 당해 경기에 나서지 못한 경우가
한 번도 없었어요.
그러니 511승이라는 기록에 걸맞게
메이저리그 역사상 가장 많은 이닝을
던진 기록을 갖고 있지요.
어디 그뿐인가요. 등판만 했다 하면
완투하기 일쑤였어요.
"나는 일단 경기에 나서면
완투를 목적으로 공을 던집니다.
선발투수로서 그날의 경기를 책임지고 싶거든요."
이 말처럼, 영의 완투 비율은
무려 90퍼센트가 넘었어요.

그 밖에도 영의 꾸준함을 증명하는 사례는 더 있어요.

그는 투수로서 30승 이상 5번,

20승 이상 15번의 대기록을 남겼지요.

승리 못지않게 316패로

패전 역시 가장 많았다는 점에서도

오히려 그의 성실함과 꾸준함을 엿볼 수 있어요.

경기에서 이기든 지든,

영은 늘 최선을 다하는 멋진 선수였어요.

그런 까닭에 사이영상은

투수라면 누구나 한번쯤 꼭 받고 싶은

최고의 영예가 되었지요.

부록

사이 영(1867~1955)가 남긴 기록

[투수 통산 성적]

* 511승 316패
* 평균자책점 ; 2.63점
* 선발 ; 815경기
* 완투 ; 749경기
* 완봉 ; 76경기
* 이닝 ; 7,356이닝
* 삼진 ; 2,803개
* 볼넷 ; 1,217개

[그 밖의 주요 기록]

* 1891년부터 14년 동안 해마다 20승 이상 기록
* 1892년 36승 달성
* 선발 경기의 91.9퍼센트 완투(메이저리그 최다)
* 선수 시절 동안 3번의 노히트노런 기록
* 1901년 투수 부문 트리플크라운(다승 · 방어율 · 승률 1위) 달성
* 1903년 제1회 월드시리즈 우승
* 1904년 퍼펙트게임 기록
* 1937년 명예의 전당에 이름을 올림
* 1955년 '사이영상'이 제정되어, 1956년부터 최우수투수에게 수여됨

야구가 궁금해

미국 메이저리그 역대 사이영상 수상자

1956~1966년 양대 리그 통합 선정

- 1956년 ; 돈 뉴컴(브루클린 다저스)
- 1957년 ; 워렌 스판(밀워키 브레이브스)
- 1958년 ; 밥 털리(뉴욕 양키스)
- 1959년 ; 얼리 윈(시카고 화이트삭스)
- 1960년 ; 번 로(피츠버그 파이어리츠)
- 1961년 ; 화이티 포드(뉴욕 양키스)
- 1962년 ; 돈 드라이스데일(로스앤젤레스 다저스)
- 1963년 ; 샌디 쿠펙스(로스앤젤레스 다저스)
- 1964년 ; 딘 챈스(로스앤젤레스 다저스)
- 1965년 ; 샌디 쿠펙스(로스앤젤레스 다저스)
- 1966년 ; 샌디 쿠펙스(로스앤젤레스 다저스)

1967년 이후 양대 리그별 선정(내셔널리그 / 아메리칸리그)

- 1967년 ; 마이크 매코믹(샌프란시스코 자이언츠) / 짐 론보그(보스턴 레드삭스)
- 1968년 ; 밥 깁슨(세인트루이스 카디널스) / 데니 맥클레인(디트로이트 타이거즈)
- 1969년 ; 톰 시버(뉴욕 메츠) / 마이크 쿠엘라(볼티모어 오리올스) · 데니 맥클레인(디트로이트 타이거즈)

-1970년 : 밥 깁슨(세인트루이스 카디널스) / 짐 페리(미네소타 트윈스)
-1971년 : 퍼거슨 젠킨스(시카고 컵스) / 비다 블루(오클랜드 어슬레틱스)
-1972년 : 스티브 칼튼(필라델피아 필리스) / 게일로드 페리(클리블랜드 인디언스)
-1973년 : 톰 시버(뉴욕 메츠) / 짐 파머(볼티모어 오리올스)
-1974년 : 마이크 마샬(로스앤젤레스 다저스) / 캣피쉬 헌터(오클랜드 어슬레틱스)
-1975년 : 톰 시버(뉴욕 메츠) / 짐 파머(볼티모어 오리올스)
-1976년 : 랜디 존스(샌디에이고 파드리스) / 짐 파머(볼티모어 오리올스)
-1977년 : 스티브 칼튼(필라델피아 필리스) / 스파키 라일(뉴욕 양키스)
-1978년 : 게일로드 페리(샌디에이고 파드리스) / 론 기드리(뉴욕 양키스)
-1979년 : 브루스 수터(시카고 컵스) / 마이크 플래나간(볼티모어 오리올스)
-1980년 : 스티브 칼튼(필라델피아 필리스) / 스티브 스톤(볼티모어 오리올스)
-1981년 : 페르난도 발렌수엘라(로스앤젤레스 다저스) / 롤리 핑거스(밀워키 브루어스)
-1982년 : 스티브 칼튼(필라델피아 필리스) / 피트 불코비치(밀워키 브루어스)
-1983년 : 존 데니(필라델피아 필리스) / 라마르 호이트(시카고 화이트삭스)
-1984년 : 릭 수트클리페(시카고 컵스) / 윌리 헤르난데스(디트로이트 타이거스)
-1985년 : 드와이트 구든(뉴욕 메츠) / 브렛 세이버하겐(캔자스시티 로열스)
-1986년 : 마이크 스캇(휴스턴 애스트로스) / 로저 클레멘스(보스턴 레드삭스)
-1987년 : 스티브 베드로시안(필라델피아 필리스) / 로저 클레멘스(보스턴 레드삭스)
-1988년 : 오렐 허샤이저(로스앤젤레스 다저스) / 프랭크 비올라(미네소타 트윈스)
-1989년 : 마크 데이비스(샌디에이고 파드리스) / 브렛 세이버하겐(캔자스시티 로열스)
-1990년 : 덕 드라벡(피츠버그 파이어리츠) / 밥 웰치(오클랜드 어슬레틱스)
-1991년 : 톰 글래빈(애틀랜타 브레이브스) / 로저 클레멘스(보스턴 레드삭스)
-1992년 : 그레그 매덕스(시카고 컵스) / 데니스 에커슬리(오클랜드 어슬레틱스)

-1993년 ; 그레그 매덕스(애틀랜타 브레이브스) / 잭 맥도웰(시카고 화이트삭스)

-1994년 ; 그레그 매덕스(애틀랜타 브레이브스) / 데이비드 콘(캔자스시티 로열스)

-1995년 ; 그레그 매덕스(애틀랜타 브레이브스) / 랜디 존슨(시애틀 매리너스)

-1996년 ; 존 스몰츠(애틀랜타 브레이브스) / 팻 핸트젠(토론토 블루제이스)

-1997년 ; 페드로 마르티네스(몬트리올 엑스포스) / 로저 클레멘스(토론토 블루제이스)

-1998년 ; 톰 글래빈(애틀랜타 브레이브스) / 로저 클레멘스(토론토 블루제이스)

-1999년 ; 랜디 존슨(애리조나 다이아몬드백스) / 페드로 마르티네스(보스턴 레드삭스)

-2000년 ; 랜디 존슨(애리조나 다이아몬드백스) / 페드로 마르티네스(보스턴 레드삭스)

-2001년 ; 랜디 존슨(애리조나 다이아몬드백스) / 로저 클레멘스(뉴욕 양키스)

-2002년 ; 랜디 존슨(애리조나 다이아몬드백스) / 배리 지토(오클랜드 어슬레틱스)

-2003년 ; 에릭 가니에(로스앤젤레스 다저스) / 로이 할러데이(토론토 블루제이스)

-2004년 ; 로저 클레멘스(휴스턴 애스트로스) / 요한 산타나(미네소타 트윈스)

-2005년 ; 크리스 카펜터(세인트루이스 카디널스) / 바톨로 콜론(애너하임 에인절스)

-2006년 ; 브랜든 웹(애리조나 다이아몬드백스) / 요한 산타나(미네소타 트윈스)

-2007년 ; 제이크 피비(샌디에이고 파드리스) / C. C. 사바시아(클리블랜드 인디언스)

-2008년 ; 팀 린스컴(샌프란시스코 자이언츠) / 클리프 리(클리블랜드 인디언스)

-2009년 ; 팀 린스컴(샌프란시스코 자이언츠) / 잭 그레인키(캔자스시티 로열스)

-2010년 ; 로이 할러데이(필라델피아 필리스) / 펠릭스 에르난데스(시애틀 매리너스)

 -2011년 ; 클레이튼 커쇼(로스앤젤레스 다저스) / 저스틴 벌랜더(디트로이트 타이거스)

실력도 최고, 인품도 최고
월터 존슨

어느 메이저리그 야구 경기에
선량한 인상의 백인 선수가 선발투수로 나왔어요.
관중들은 이미 그의 실력을 잘 알고 있는 듯
너나없이 한껏 흥미진진한 표정이었지요.
"오늘은 월터 존슨이 얼마나 빠른 공을 던질까?"
"난 그가 공을 던지는 상상만 해도
속이 뻥 뚫리는 느낌이야.
타자들을 꼼짝 못하게 하는 강속구는 정말 멋져!"

잠시 뒤, 경기가 시작되자
월터 존슨은 관중들의 기대대로
연신 강속구를 던져댔어요.
펑! 펑! 펑!
포수가 공을 받을 때마다
미트에서 경쾌한 소리가 들렸지요.
그러면 타자들은 배트를 휘둘러보지도 못하고
몸을 움찔했어요.
"이런, 눈 깜짝 할 사이에 공이 날아오네.
배트에 공을 맞히기도 어렵겠는걸……."
타자들이 어쩌다 어림짐작으로 타격을 하려 해도,
배트는 허무하게 허공을 가르기 일쑤였지요.

존슨의 공에 눈이 휘둥그레지기는

심판도 마찬가지였어요.

심판은 스트라이크를 외쳐대며 마음속으로 감탄했지요.

'정말 대단히 빠른 공이야.

160킬로미터 가까이 되겠는걸!'

심판들의 반응은 과장이 아니었어요.

요즘도 그런 공을 던지면

최고의 강속구 투수로 손꼽히는데

존슨이 활약한 1900년대 초에는 두말할 필요 없었지요.

그는 당시 여느 투수들보다

20킬로미터 이상 빠른 공을 던졌어요.

게다가 존슨은 팔이 몹시 길어

타자들이 느끼는 체감 속도는 더욱 빨랐어요.

마치 공을 감추고 있다가

눈앞에서 갑자기 휙 던지는 듯했지요.

그러니 존슨은 굳이 변화구를 던질 필요가 없었어요.

오로지 직구만 던져도 타자들은

그의 공을 치기 쉽지 않았지요.

"빅 트레인이 나오면 점수를 뽑기 정말 힘들어."

타자들은 아웃을 당할 때마다

이렇게 투덜대고는 했어요.

특급열차를 뜻하는 '빅 트레인'은

월터 존슨의 별명이었지요.

존슨이 그런 별명을 얻게 된 이유는 단순했어요.
공이 매우 빨라
기차 지나가는 소리가 난다는 의미였지요.
"어휴~ 내 옆으로 강속구가 번개처럼 지나가는데
아 글쎄, 기차가 냅다 달려가는 것 같더라고."
타석에서 직접 그의 공을 지켜본 타자들은
이와 같은 푸념을 이해하고도 남았어요.
존슨이 등판하는 날, 어김없이 경기장에는
'빅 트레인'을 응원하는 함성이 가득했지요.

존슨이 던지는 공의 위력이 얼마나 대단했는지는
그가 남긴 기록으로도 확인할 수 있어요.
존슨은 선수 생활 동안
무려 110번이나 완봉승을 거두었지요.
그러니까, 그토록 많은 경기에서
상대 팀 선수들이 단 한 점도
점수를 뽑지 못했다는 말이에요.
반대로 그가 등판하는 날이면
동료 선수들은 마음이 가벼웠지요.
"존슨이 있으니 오늘은 1점만 내도
경기를 이길 수 있겠군."
그런 믿음은 여러모로 팀에 좋은 영향을 끼쳤어요.

실제로 존슨이 기록한 110번의 완봉승 중에는
1 대 0 승리가 38번이나 포함되어 있어요.
단 1점만 내도 승리한다는 동료 선수들의 믿음은
결코 근거 없는 엉뚱한 소리가 아니었지요.
어쩌다 위기가 닥쳐도
존슨은 좀처럼 흔들리는 법이 없었어요.
언젠가 무사 만루의 위기를 맞았는데도
그는 아주 침착했지요.
'최선을 다해서 내가 던질 수 있는 공만 던지면 돼.'
결국 존슨의 차분한 대응은
놀라운 결과를 만들어 냈어요.

"스트라이크 아웃!"

"스트라이크 아웃!"

"스트라이크 아웃!"

상대 팀의 세 타자가 연달아 삼진 아웃을 당했어요.

그들은 모두 팀의 중심 타자였지요.

더욱 짜릿한 것은 세 타자를 삼진 아웃시키는 데

존슨이 단 9개의 공만 던졌다는 점이에요.

한 타자에 3개씩,

그야말로 탄성이 터져 나올 만한 광경이었지요.

그는 이후에도 똑같은 상황을 한 번 더 보여줬어요.

하지만 거칠 것 없을 것 같은 존슨에게도
고민거리가 하나 있었어요.
소속 팀인 워싱턴 세너터스의 전력이 너무 약했거든요.
그는 그곳에서 21년이라는 긴 세월 동안 활약했는데,
아무리 좋은 성적을 올려도
팀은 자주 꼴찌를 면하지 못했어요.
존슨보다 오히려 그를 바라보는 팬들이 안타까워했지요.
"존슨이 강팀에 있었다면
더 자주 승리투수가 됐을 텐데……."
"맞아, 겨우 1~2점을 빼앗기고도
패한 경기가 숱하잖아."

그럼에도 존슨은 자신이 속한 팀에 대한 애정이 컸어요.

누구를 원망하는 법 없이

그렇게 기나긴 시간 동안

자신의 역할을 묵묵히 해냈지요.

그래서였을까요,

기적처럼 행운의 여신이 그를 찾아왔어요.

1924년, 메이저리그의 대표적인 약체 팀

워싱턴 세너터스가

마침내 처음으로 월드시리즈에 진출한 것이지요.

"오, 나의 오랜 꿈이 이루어졌어.

내친 김에 꼭 우승하고 싶어!"

존슨은 벅찬 가슴으로

월드시리즈에 등판할 날을 기다렸어요.

팀의 월드시리즈 진출로 하늘을 날 듯 기뻤던 존슨은
자신의 돈으로 입장권을 잔뜩 사서
친구들에게 나누어 주었어요.
"돈은 하나도 아깝지 않아.
모두 와서 우리 팀 선수들을 응원해 줘."
얼마나 기쁨이 컸으면 그랬을까요?
그는 월드시리즈에서
자신의 기량을 한껏 쏟아 부었어요.
그 결과 팀은 우승했고,
존슨은 최우수선수로 선정되었지요

그 후 존슨의 인기는 더욱 높아졌어요.

그를 만난 사람들은

저마다 사인을 받기 위해 아우성이었지요.

그런데도 존슨은 거만해지는 법이 없었어요.

"오늘의 영광은 팬 여러분의 성원 덕분입니다.

제 사인이 작은 보답이라도 된다면 행복할 따름이지요."

그는 기자들이 라이벌 선수에 대해 물을 때도

항상 겸손했어요.

"아, 그 선수 말인가요? 정말 대단해요.

나보다 분명 뛰어난 재능을 가진 선수입니다."

그러니 야구팬들이 존슨을 좋아할 수밖에 없었지요.

어디 그뿐인가요.

존슨은 언제나 자신이 상대하는 타자들을 존중했어요.

자칫 그들이 부상을 당할까 봐

몸 쪽으로 공을 던질 때는 한층 더 주의를 기울였지요.

설령 타자가 예의 없이 행동해도

빈볼을 던지는 법이 없었어요.

"존슨은 속도 좋아.

나 같으면 타자의 머리로 공을 확 딘질 덴데."

그런 인품이 있어,

존슨은 팬들의 사랑을 넘어 존경까지 받았지요.

어느덧 많은 사람들이 그를 '월터 경'이라고 불렀어요.

부록

월터 존슨(1887~1946)가 남긴 기록

[투수 통산 성적]

* 417승 279패 34세이브
* 평균자책점 ; 2.17점
* 선발 ; 666경기
* 완투 ; 531경기
* 완봉 ; 110경기
* 이닝 ; 5,914와 1/30이닝
* 삼진 ; 3,509개
* 볼넷 ; 1,363개

[그 밖의 주요 기록]

* 통산 완봉승 역대 최다 1위
* 1908년 나흘 동안 3번의 완봉승 기록
* 1910년 이후 10년 연속 20승 이상 및 12년 동안 아메리칸리그 탈삼진 부문 1위 기록
* 1913년 36승 및 평균자책점 1.14, 승률 8할 3푼 7리로 생애 첫 번째 트리플크라운 달성(이후 2차례 더 트리플크라운을 기록함)
* 1924년 월드시리즈 최우수선수 선정
* 1936년 명예의 전당에 이름을 올림

야구가 궁금해

[미국 메이저리그의 축제, 월드시리즈!]

■ 메이저리그는 정규 시즌을 통해 양 리그에서 우승한 2개 팀이 '월드시리즈'를 치른다. 이 말에는 미국 프로야구 최고의 팀이 전 세계에서 야구를 가장 잘한다는 자부심이 배어 있다. 월드시리즈는 1903년에 처음 열렸다. 당시 상대는 내셔널리그의 '피츠버그 파이어리츠'와 아메리칸리그의 '보스턴 레드삭스'였다. 우승 팀은 보스턴 레드삭스.

■ '뉴욕 양키스'는 월드시리즈 최다 우승 팀으로 메이저리그 최고의 명문 팀으로 손꼽힌다. 창단 연도는 1901년. 그 후 2011년까지 아메리칸리그 우승 39회, 월드시리즈 우승 27회의 눈부신 성적을 거두었다. 그 뒤를 잇는 월드시리즈 최다 우승 팀은 11번을 기록한 내셔널리그의 '세인트루이스 카디널스'이다.

지금까지 월드시리즈에서 우승한 팀

-1903년 ; 보스턴 레드삭스
-1904년 ; 양 리그 대립으로 월드시리즈 취소
-1905년 ; 뉴욕 자이언츠
-1906년 ; 시카고 화이트삭스
-1907년 ; 시카고 컵스
-1908년 ; 시카고 컵스
-1909년 ; 피츠버그 파이어리츠
-1910년 ; 필라델피아 어슬레틱스
-1911년 ; 필라델피아 어슬레틱스

-1912년 ; 보스턴 레드삭스
-1913년 ; 필라델피아 어슬레틱스
-1914년 ; 보스턴 브레이브스
-1915년 ; 보스턴 레드삭스
-1916년 ; 보스턴 레드삭스
-1917년 ; 시카고 화이트삭스
-1918년 ; 보스턴 레드삭스
-1919년 ; 신시내티 레즈
-1920년 ; 클리블랜드 인디언스
-1921년 ; 뉴욕 자이언츠
-1922년 ; 뉴욕 자이언츠
-1923년 ; 뉴욕 양키스
-1924년 ; 워싱턴 세너터스
-1925년 ; 피츠버그 파이어리츠
-1926년 ; 세인트루이스 카디널스
-1927년 ; 뉴욕 양키스
-1928년 ; 뉴욕 양키스
-1929년 ; 필라델피아 어슬레틱스
-1930년 ; 필라델피아 어슬레틱스
-1931년 ; 세인트루이스 카디널스
-1932년 ; 뉴욕 양키스
-1933년 ; 뉴욕 자이언츠
-1934년 ; 세인트루이스 카디널스
-1935년 ; 디트로이트 타이거즈
-1936년 ; 뉴욕 양키스

-1937년 ; 뉴욕 양키스
-1938년 ; 뉴욕 양키스
-1939년 ; 뉴욕 양키스
-1940년 ; 신시내티 레즈
-1941년 ; 뉴욕 양키스
-1942년 ; 세인트루이스 카디널스
-1943년 ; 뉴욕 양키스
-1944년 ; 세인트루이스 카디널스
-1945년 ; 디트로이트 타이거즈
-1946년 ; 세인트루이스 카디널스
-1947년 ; 뉴욕 양키스
-1948년 ; 클리블랜드 인디언스
-1949년 ; 뉴욕 양키스
-1950년 ; 뉴욕 양키스
-1951년 ; 뉴욕 양키스
-1952년 ; 뉴욕 양키스
-1953년 ; 뉴욕 양키스
-1954년 ; 뉴욕 자이언츠
-1955년 ; 브루클린 다저스
-1956년 ; 뉴욕 양키스
-1957년 ; 밀워키 브레이브스
-1958년 ; 뉴욕 양키스
-1959년 ; 로스앤젤레스 다저스
-1960년 ; 피츠버그 파이어리츠
-1961년 ; 뉴욕 양키스

-1962년 ; 뉴욕 양키스
-1963년 ; 로스앤젤레스 다저스
-1964년 ; 세인트루이스 카디널스
-1965년 ; 로스앤젤레스 다저스
-1966년 ; 볼티모어 오리올스
-1967년 ; 세인트루이스 카디널스
-1968년 ; 디트로이트 타이거스
-1969년 ; 뉴욕 메츠
-1970년 ; 볼티모어 오리올스
-1971년 ; 피츠버그 파이어리츠
-1972년 ; 오클랜드 어슬레틱스
-1973년 ; 오클랜드 어슬레틱스
-1974년 ; 오클랜드 어슬레틱스
-1975년 ; 신시내티 레즈
-1976년 ; 신시내티 레즈
-1977년 ; 뉴욕 양키스
-1978년 ; 뉴욕 양키스
-1979년 ; 피츠버그 파이어리츠
-1980년 ; 필라델피아 필리스
-1981년 ; 로스앤젤레스 다저스
-1982년 ; 세인트루이스 카디널스
-1983년 ; 볼티모어 오리올스
-1984년 ; 디트로이트 타이거스
-1985년 ; 캔자스시티 로열스
-1986년 ; 뉴욕 메츠

-1987년 ; 미네소타 트윈스
-1988년 ; 로스앤젤레스 다저스
-1989년 ; 오클랜드 어슬레틱스
-1990년 ; 신시내티 레즈
-1991년 ; 미네소타 트윈스
-1992년 ; 토론토 블루제이스
-1993년 ; 토론토 블루제이스
-1994년 ; 선수 파업으로 월드시리즈 취소
-1995년 ; 애틀랜타 브레이브스
-1996년 ; 뉴욕 양키스
-1997년 ; 플로리다 말린스
-1998년 ; 뉴욕 양키스
-1999년 ; 뉴욕 양키스
-2000년 ; 뉴욕 양키스
-2001년 ; 애리조나 다이아몬드백스
-2002년 ; 애너하임 에인절스
-2003년 ; 플로리다 말린스
-2004년 ; 보스턴 레드삭스
-2005년 ; 시카고 화이트삭스
-2006년 ; 세인트루이스 카디널스
-2007년 ; 보스턴 레드삭스
-2008년 ; 필라델피아 필리스
-2009년 ; 뉴욕 양키스
-2010년 ; 샌프란시스코 자이언츠
-2011년 ; 세인트루이스 카디널스

5714번의 스트라이크 아웃
놀란 라이언

2010년 월드시리즈 출전 팀은
샌프란시스코 자이언츠와 텍사스 레인저스였어요.
그중 텍사스 레인저스는
1961년 창단 후 처음으로
월드시리즈에 진출하는 것이었지요.
기자들이 구단주를 인터뷰하며 축하 인사를 건넸어요.
"올 한 해 정말 대단한 업적을 이루셨습니다.
레인저스가 이만한 성적을 올릴 것이라고는
예상치 못했어요."
그러자 구단주가 들뜬 목소리로 말했지요.

"원래 예상은 틀려야 재미있지 않나요?

야구를 하다 보면 온갖 일들이 일어나게 마련이지요."

구단주는 기쁨을 감추지 못하면서도

결코 여유를 잃지 않았어요.

그도 그럴 것이,

그는 바로 탈삼진왕 놀란 라이언이었으니까요.

라이언이 투수로 활동하며 기록한

5,714개의 통산 탈삼진 기록은

메이저리그 최고이며,

당분간 깨질 가능성이 거의 없지요.

1965년, 야구 신인 놀란 라이언은
뉴욕 메츠의 지명으로 프로팀에 입단하게 됐어요.
그날 라이언은 세상을 다 얻은 듯 환호했지요.
"야호! 나도 이제 프로 야구 선수가 됐어.
팬들이 응원 속에 공을 던질 생각을 하니
벌써부터 설레는걸."
하지만 정작 뉴욕 메츠에서는
그에 대한 기대가 크지 않았어요.
신인 선수로 지명을 할까 말까 고민하다가,
혹시나 하는 마음으로 헐값에 계약을 했던 것이지요.

"라이언이 공이 무척 빠르기는 한데
제구력이 영 형편없어.
포수가 종잡을 수 없게 공을 던지니, 원······."
투수 코치는 연습 투구를 하는 라이언을 보며
혀를 끌끌 찼어요.
게다가 뉴욕 메츠에는 이미
뛰어난 투수들이 여럿 있었지요.
어지간히 실력 발휘를 해서는
주목받기 어려운 환경이었어요.
다행히 메이저리그 무대에서
공을 던질 기회를 잡기는 했지만
성적은 평범했고, 발전 가능성도 별로 없어 보였지요.

그러던 어느 날,
라이언에게 트레이드 소식이 들려왔어요.
이렇다 할 스타가 없었던
캘리포니아 에인절스가 그에게 손을 내밀었지요.
훗날 사람들은 그것이
라이언에게 큰 행운이었다고 말했어요.
왜냐고요?
그곳에는 라이언의 재능을 알아본
코치들이 있었기 때문이지요.
"우리가 자네를 데려온 것은 가능성 때문이네.
어때, 우리를 믿고 열심히 훈련해 보겠나?"
투수 코치의 물음에
라이언은 눈빛을 빛내며 고개를 끄덕였어요.

그 해 시즌이 개막되자마자,
과연 라이언은 이전과 확 달라진 실력을
뽐내기 시작했어요.
무엇보다 삼진 아웃을 잡아내는 솜씨는
단연 최고였지요.
"스트라이크 아웃!"
심판들의 우렁찬 고함 속에
그는 1년 동안 무려 300개가 넘는
삼진 아웃을 기록했어요.
그리고 이듬해에는 그 숫자가 더욱 늘어났지요.
그제야 사람들은 라이언의 진가를 확인하고 열광했어요.

"메이저리그에 새로운 괴물이 탄생했군!"
"그러게 말이야. 야구에서 타자의 꽃이 홈런이라면
투수의 꽃은 뭐니 뭐니 해도
스트라이크 아웃을 잡는 것이지."
라이언은 팬들의 기대를 저버리지 않았어요.
그는 선수 시절 동안 열한 번이나
탈삼진왕을 차지했으니까요.
더구니 심심치 않게 노히드노린까지 딜싱해
신문 1면을 대문짝만하게 장식하는 날이 많았지요.
놀랍게도, 라이언은 모두 일곱 차례나
노히트노런을 기록했어요.

그런데 사람들을 감동시킨 것은
눈으로 보이는 결과만이 아니었어요.
라이언은 야구 선수들 가운데 소문난 연습벌레였지요.
그는 투구 연습뿐만 아니라,
매일 몇 시간씩 자전거를 탔어요.
선발투수로 등판해 완투를 한 날조차 예외가 없었지요.
"그렇게 공을 던지고 피곤하지도 않아?"
동료 선수들이 걱정을 하면,
라이언은 웃는 낯으로 말했어요.
"나는 경기가 끝나는 순간까지
강속구를 계속 던지고 싶어.
그러려면 무엇보다 체력이 강해야 해."

그런 노력은 여러 면에서
라이언을 남다른 선수로 만들었어요.
일반적으로 강속구 투수는
경기 후반에 눈에 띄게
공의 속도가 떨어지기 마련이지요.
온 힘을 다해 빠른 공을 던지다 보면,
그것은 당연한 결과였어요.
하지만 라이언은 달랐지요. 그는 9회가 되어도
여전히 150킬로미터기 훌쩍 넘는 공을 던졌어요.
"이럴 수가…….
어떻게 1회부터 9회까지 공의 위력이 똑같지?"
상대 타자들은 타석에 서서
고개를 갸웃거리기 일쑤였지요.

어디 그뿐인가요.
라이언은 투수로서 27년 동안 활약했는데,
메이저리그에서 그보다 더
오래 선수 생활을 한 사람은 없어요.
그는 19살에 첫 경기를 치렀고
46살에 숱한 기록들을 남긴 채 마운드를 내려왔지요.
"만약 놀란 라이언이 한두 해
탈삼진왕에 오르고 사라졌다면
우리는 그를 기억하지 못했을 거예요."
어느 야구팬의 말처럼, 라이언은
한순간 반짝하고 마는 별이 아니었기에
더욱 큰 사랑을 받았지요.

라이언이 일곱 번째 노히트노런을 기록한 것 역시
그의 나이 44살 때였어요.
그날 그가 마지막으로 상대한 타자는
로베르토 알로마라는 젊은 선수였지요.
경기를 중계하던 아나운서가
흥미로운 사실을 이야기했어요.
"로베르토 알로마는 메이저리거였던
샌디 알로마의 아들입니다.
샌디 알로마는 2루수로 놀란 라이언과
한 팀에서 활약했지요."
그렇게 라이언은 아들뻘 되는 선수와 승부를 벌였고,
멋지게 승리해 또다시 노히트노런이라는
대기록을 달성했어요.

그 경기 후, 신문에는 더욱 재미있는 기사가 실렸어요.
'놀란 라이언의 첫 번째 노히트노런 도우미 샌디 알로마,
그의 아들이 일곱 번째 노히트노런의
마지막 도우미가 되다!'
그 기사를 본 사람들은 별난 인연에 신기해했어요.
라이언이 처음 노히트노런을 달성할 당시
샌디 알로마는 몇 차례나
훌륭한 수비를 펼쳐 그를 도왔지요.
그런데 20년 가까이 세월이 흘러
그 아들이 본의 아니게 다시
대기록 달성을 도운 셈이었으니까요.

그럼 이쯤에서 놀란 라이언의
약점을 하나 이야기해야겠네요.
세상에 완벽한 사람은 없는 법이지요.
라이언은 탈삼진왕이었고, 누구보다 성실했지만
이따금 한 해에 200개가
넘는 볼넷을 내주는 투수이기도 했어요.
뉴욕 메츠 코치가 염려했듯
제구력이 부족했기 때문이지요.
그래도 그의 팬들은
그런 사실마저 긍정적으로 받아들였어요.
"놀란 라이언은 스릴 만점의 투수야.
실컷 볼넷을 내준 다음에
모조리 스트라이크 아웃을 시켜버리잖아!"라고
말이에요.

부록

놀란 라이언(1947~)가 남긴 기록

[투수 통산 성적]

* 324승 292패
* 평균자책점 ; 3.19점
* 선발 ; 773경기
* 완투 ; 222경기
* 완봉 ; 61경기
* 이닝 ; 5,386이닝
* 삼진 ; 5,714개
* 볼넷 ; 2,795개

[그 밖의 주요 기록]

* 300탈삼진 시즌 6번, 200탈삼진 시즌 15번, 100탈삼진 시즌 24번 기록
* 10탈삼진 이상 경기 215번 기록
* 통산 피안타율 2할 4리로 역대 1위
* 7번의 노히트노런 및 12번의 1안타 완봉승 기록
* 로스앤젤레스 에인절스, 휴스턴 애스트로스, 텍사스 레인저스 3개 구단에서 영구결번 선수
* 역대 최다인 2,795번의 볼넷 기록
* 1999년 명예의 전당에 이름을 올림

야구가 궁금해

[미국 메이저리그의 30개 구단]

■ 메이저리그는 미국 프로 야구의 양대 리그를 함께 일컫는 말이다. 현재 내셔널리그 소속 16개 팀, 아메리칸리그 소속 14개 팀으로 이루어져 있다. 모두 30개 팀. 각 리그는 또다시 동부, 중부, 서구로 지구가 나뉘어 정규 시즌을 치른다. 메이저리그는 세계 최고의 무대라는 의미로 '빅리그'라고 불리기도 한다.

■ 내셔널리그

[동부 지구] 필라델피아 필리스, 애틀랜타 브레이브스, 뉴욕 메츠, 플로리다 말린스, 워싱턴 내셔널스

[중부 지구] 세인트루이스 카디널스, 밀워키 브루어스, 신시내티 레즈, 피츠버그 파이어리츠, 시카고 컵스, 휴스턴 애스트로스

[서부 지구] 로스앤젤레스 다저스, 샌프란시스코 자이언츠, 콜로라도 로키스, 샌디에이고 파드리스, 애리조나 다이아몬드백스

■ 아메리칸리그

[동부 지구] 보스턴 레드삭스, 뉴욕 양키스, 볼티모어 오리올스, 토론토 블루제이스, 탬파베이 레이스

[중부 지구] 디트로이트 타이거스, 클리블랜드 인디언스, 시카고 화이트삭스, 캔자스시티 로열스, 미네소타 트윈스
[서부 지구] 오클랜드 어슬레틱스, 로스앤젤레스 에인절스, 시애틀 매리너스, 텍사스 레인저스

[일본 프로 야구의 12개 구단]

- 일본 프로 야구는 센트럴리그와 퍼시픽리그, 양대 리그로 이루어져 있어요. 각각 6개 팀씩 모두 12개 구단이 있지요.

- **센트럴리그**
  요미우리 자이언츠, 야쿠르트 스왈로스, 요코하마 DeNA 베이스타스, 주니치 드래건스, 한신 타이거스, 히로시마 도요 카프

- **퍼시픽리그**
  니혼햄 파이터스, 라쿠텐 골든이글스, 세이부 라이온스, 소프트뱅크 호크스, 오릭스 버팔로스, 지바 롯데 마린스

한 치의 오차도 없이 정확히
그레그 매덕스

어린 시절 라스베이거스에 살았던 그레그 매덕스는
틈만 나면 야구 연습을 했어요.
투수가 그의 꿈이었고, 공을 던질 때 가장 행복했지요.
하지만 라스베이거스는
야구의 인기가 별로 높지 않았어요.
"이곳에서는 훌륭한 야구 코치를 만나기가 힘들어.
좋은 선생님의 지도를 받으면
내 실력이 더 발전할 텐데……."
어린 매덕스는 아쉬움이 컸어요.
그래도 늘 씩씩하게 공을 던지며
조금씩 실력을 키워갔지요.

그러던 어느 날, 한 노신사가 매덕스에게 다가왔어요.
"얘야, 너 야구를 무척 좋아하나 보구나?"
"네……."
갑작스런 상황에 매덕스는 잠시 어리둥절했어요.
그때 노신사가 다시 말했지요.
"난 이 지역에서 어린이 야구 교실을
운영하는 랄프 메더란다.
내 제자가 될 생각 없니?"
매덕스는 그 말이 쉬 믿어지지 않았어요.
너무 기뻐서 하마터면 크게 소리를 내지를 뻔했지요.

랄프 메더는 유명한 메이저리그 스카우트였어요.
그는 은퇴 후 라스베이거스에서
어린이들에게 야구를 가르치며 여생을 보내고 있었지요.
그런 그에게 우연히 매덕스가 눈에 띄었고,
그것은 야구를 좋아하는 한 소년에게
더없는 행운이었어요.
"난 열심히 운동해서 메더 코치님에게
하루빨리 인정받을 테야!"
처음 야구 교실에 가는 날,
매덕스는 설레어 가슴이 벅찼지요.

드디어 매덕스가 메더 코치 앞에서
공을 던질 차례가 됐어요.
그는 여느 때보다 더욱 힘을 주어 투구를 했지요.
슈웅~, 펑! 슈웅~, 펑!
매덕스가 던진 공들이 빠르게 날아가
포수 미트에 꽂혔어요.
'이만하면 코치님도 잘한다고 칭찬하실 거야.
친구들 중 누구도 나만큼 강하게 공을 던지지 못했잖아.'
매덕스는 계속해서 힘껏 공을 던지며
기대감에 부풀었어요.

그런데 매덕스가 투구 연습을 마친 뒤,
메더 코치의 입에서는 뜻밖의 말이 나왔어요.
칭찬은커녕 다짜고짜 날카로운 지적이 쏟아졌지요.
"너는 체격도 크지 않은데,
왜 힘으로만 공을 던지려고 하니?
공이 강해야만 타자를 아웃시킬 수 있는 것은 아니야!"
그러면서 메더 코치는 그에게
어울리는 투구법을 가르쳐줬어요.
"너는 볼 같은 스트라이크,
스트라이크 같은 볼을 던져야 해."
매덕스는 그 말이 선뜻 이해되지 않았지요.

"코치님, 무슨 말씀인지 잘 모르겠어요……."
그러자 메더 코치는 어린 매덕스의 어깨를 감싸 안으며
진지한 얼굴로 이어 말했어요.
"투수에게 가장 중요한 것은
스피드가 아니라 제구력이란다.
원하는 곳에 정확히 공을 던질 수 있는 능력 말이야."
그제야 매덕스는 투수로서 반드시 명심해야 할
사실 하나를 깨달았어요. 힘으로만 공을 던져서는
결코 뛰어난 투수가 될 수 없다는 것을 말이지요.

그 후 매덕스는 선수 생활 내내
메더 코치의 가르침을 잊지 않으려고 노력했어요.
20살 때 시카고 컵스의 지명을 받게 된 것도
그 덕분이었지요.
처음에 시카고 컵스 스카우트는
매덕스를 마뜩찮아 했어요.
"메이저리그 투수로 성공하기에는 몸집이 작군.
게다가 공도 별로 빠르지 않고 말이야."
그런데 얼마 지나지 않아
스카우트의 생각이 달라졌어요.
"어라? 저 선수 좀 더 지켜봐야겠는걸."

스카우트의 눈길을 끈 것은 매덕스의 투구 자세였어요.
"저렇게 쉽게 공을 던지는 투수는 처음 봐.
설렁설렁 던지는 것 같은데도 워낙 제구력이 좋은걸."
그 순간, 매덕스가 또 다른 모습을 선보였어요.
강속구라고 할 수는 없지만
꽤 빠른 공을 뿌려대기 시작했지요.
그것을 본 스카우트가
확신에 찬 표정으로 중얼거렸어요.
"그래, 저 선수는 강한 공을 던지지 못하는 것이 아니야.
그보다 정확성과 공의 움직임에 더 신경을 쓰는 것이지."
그렇게 재능을 인정받은 매덕스는
소망하던 메이저리거가 됐어요.

하지만 메이저리그는 절대로 만만하지 않았어요.
평소 생각과 달리 어깨에 잔뜩 힘이 들어간 매덕스는
경기마다 5~6점씩 예사로 내주는
평범한 성적을 거뒀지요.
크게 낙담한 매덕스는 얼굴에서 웃음기가 사라졌어요.
그러던 어느 날, 투수 코치가
그에게 다가와 이야기했어요.
"이봐, 스트라이크 아웃을 잡겠다는 마음을 버려.
삼진 아웃은 우연히 나와야 하는 거야."
그 말에 매덕스는 뒤통수를 한 대 얻어맞은 듯했지요.

'맞아, 바로 그거야. 그동안 메이저리그 무대에 섰다고
나도 모르게 화려한 투구를 하려는 욕심을 부렸어.'
그랬어요, 매덕스는 투수의 꽃이라고 할 수 있는
삼진 아웃을 잡기 위해
자신의 장점을 깜박깜박 잊고는 했어요.
부드러운 동작으로 구석구석 정확히 공을 던지다가도
이따금 스트라이크 존 한가운데에
강하게 공을 넣으려고 했지요.
그러다가 안타를 맞아 경기를 망친 것이
한두 번이 아니었어요.
결국 투수 코치의 충고는
어린 시절 메더의 가르침과 같았지요.

그날 이후, 매덕스는 과욕을 부리는 법이 없었어요.
아무리 큰 위기가 닥치고 관중들이 환호를 해도
자신의 스타일대로 침착하게 공을 던졌지요.
그러자 성질 급한 타자들이 스트라이크 비슷한 볼에
마구 배트를 휘둘러 아웃됐고,
오히려 삼진 아웃도 늘어갔어요.
"매덕스 공은 스트라이크인지 볼인지 도무지 모르겠어.
공을 치자니 볼 같고,
그냥 보고 있자니 스트라이크 같아."
타자들은 아웃을 당하고 나서 이렇게 투덜거렸어요.

그처럼 매덕스가 하루하루 위력을 떨치면서
타자들은 온갖 푸념을 쏟아내기 시작했어요.
"도대체 매덕스는 몇 가지 종류의 공을 던지는 거야?
경기 중에 100개의 공을 던지면 100개가
다 다르니 말이야."
물론 이 말은 과장이었어요.
매덕스가 다양한 변화구를 던지기는 했지만
그렇다고 100가지나 되는 공을
던질 수는 없는 노릇이었지요.
그 말은 같은 구질의 공이라도
속도와 방향에 자꾸 변화를 주어
타자를 혼란스럽게 한다는 뜻이었어요.

동료 선수들은 매덕스를 향한 찬사를 아끼지 않았어요.
"매덕스는 여느 투수들과 달라.
그가 공을 던지면 마치 운동선수가 아니라
과학자처럼 보이지."
그뿐 아니었어요.
심지어 '외과의사'라는 별명도 얻었지요.
"매덕스는 투구할 때 타자와 벌이는
수싸움이 정말 대단해.
타자의 머릿속을 훤히 꿰뚫고 있는 것 같아."
그렇게 매덕스는 최고 투수에 대한 선입견을 바꿨어요.
남다른 강속구가 없어도 성공할 수 있다는
희망을 심어주었지요.

부록

그레그 매덕스(1966~)가 남긴 기록

[투수 통산 성적]

* 355승 227패
* 평균자책점 ; 3.16점
* 선발 ; 740경기
* 완투 ; 109경기
* 완봉 ; 35경기
* 이닝 ; 5,008과 1/3이닝
* 삼진 ; 3,371개
* 볼넷 ; 999개

[그 밖의 주요 기록]

* 1988~1992년 내셔널리그 다승, 완투, 출전 이닝 수 1위 기록
* 1992~1995년 최초로 사이영상 4연패 성공
* 17년 연속 15승 이상 및 20년 연속 10승 이상 기록
* 2001년 72와 1/3이닝 연속 무볼넷 기록
* 14년 연속 200이닝 이상 등판 기록
* 1988~2008년 연평균 230이닝 투구 기록
* 원정 경기 18연승 신기록 달성

알쏭달쏭 야구 용어

'더그아웃'

야구 경기장의 선수 대기석을 일컫는 말이다. 흔히 '벤치'라고도 한다. 파울 선 바깥쪽에 설치되며 출전 선수를 포함한 현역 선수와 유니폼을 입은 감독, 코치, 트레이너들만 들어가는 것이 원칙이다

'지명타자'

투수 대신 타석에 들어서는 선수를 말한다. 아무래도 투수보다 타격 솜씨가 좋은 지명타자 제도를 실시하면 좀 더 공격적인 경기가 펼쳐진다. 한국 프로야구와 미국의 아메리칸리그, 일본의 퍼시픽리그 등에 지명타자 제도가 있다. 반면에 미국의 내셔널리그와 일본의 센트럴리그에서는 투수도 타석에 서서 타격을 해야 한다.

'대타 · 대주자'

'대타'는 경기를 뛰던 타자 대신 특정 투수를 상대하기 위해 타석에 들어서는 타자를 말한다. 대타는 한 타석만으로 역할을 다하고 다른 선수와 다시 교체되거나, 그날 경기에 계속 나설 수 있다. '대주자'는 안타 등으로 진루한 주자를 대신해 1, 2, 3루 베이스에 서는 주자를 말한다. 주로 발이 느린 주자를 발이 빠른 주자로 교체한다.

'배터리'

야구에서 짝을 이루어 경기하는 투수와 포수를 일컫는 용어이다. 즉, 공을 던지는 투수와 그 공을 받는 포수의 각별한 관계를 특별히 표현한 것이다.

'더블헤더'

두 팀이 같은 날 계속해서 두 경기를 치르는 것을 말한다. 프로야구 경기가 폭우 등으로 취소되었을 때 정해진 스케줄을 따라잡기 위해 실시되는 제도이다. 더블헤더 경기 사이에는 보통 20분 정도의 휴식 시간이 주어진다.

'퀄리티스타트'

선발투수가 6이닝 이상 공을 던지고 자책점 3점 이하로 막아내는 경기를 뜻한다. 이 경우 선발투수는 자신의 책임을 훌륭히 완수했다는 평가를 받는다.

'노히트노런 게임'

선발 투수가 상대 팀 선수들에게 9이닝 이상 단 1개의 안타와 단 1점의 점수도 주지 않고 경기에서 승리했을 때를 일컫는다. 안타가 아닌 몸에 맞는 볼이나 볼넷, 실책으로 주자를 내보내는 것은 상관없다.

'퍼펙트게임'

 '완벽한 게임'이라는 의미이다. 선발 투수가 경기가 끝날 때까지 단 1명의 타자도 진루시키지 않고 승리로 이끈 게임을 말한다. 홈런과 안타는 물론이고 몸에 맞는 볼이나 볼넷, 실책 등 어떤 경우에도 주자를 내보내지 말아야 한다. 따라서 '퍼펙트게임'은 좀처럼 기록되기 어렵다. 130년이 넘는 역사를 가진 미국 메이저리그에서도 2011년까지 20차례 나왔을 뿐이다. 한국 프로 야구에서는 아직까지 퍼펙트게임이 한 번도 없었다.

뉴욕 양키스의 뒷문은 내게 맡겨
마리아노 리베라

여느 날처럼 프로 야구 경기가 열렸어요.
어느덧 9회 말이 되었고, 양 팀의 득점은 '3 대 2'였지요.
앞선 팀이 9회 말 수비를 실점 없이 막아내면
그대로 경기가 끝나는 상황이었어요.
방송 해설자가 곧 이어질
9회 말 경기 상황을 예상했지요.
"이제 마무리투수가 마운드에 올라올 차례군요.
올해 벌써 20세이브를 올리고 있는 대단한 선수입니다."
해설자의 말대로,
다시 경기가 시작되자 새로운 투수가 보였어요.

선발투수의 뒤를 이어 마운드에 올라온 마무리투수는
연습 삼아 몇 개의 공을 던졌어요.
공이 매우 빠르고 힘이 넘쳤지요.
"역시 대한민국 최고의 마무리투수답습니다.
동료 선수들의 얼굴에서도 '널 믿어!' 하는
표정이 엿보이는군요."
새로 등장한 마무리투수의 공에
상대 팀 타자들은 전혀 맥을 못 췄어요.
금방 쓰리 아웃이 되었고,
경기는 그냥 3 대 2로 끝났지요.

그처럼 요즘 프로 야구에서는
선발투수 못지않게 마무리투수의 역할이 중요해요.
마무리투수가 약하면 이기고 있다가도
역전패당하기 십상이지요.
그것은 미국 메이저리그에서도 마찬가지예요.
최근에 뉴욕 양키스가 자주 우승을 한 데는
최강의 마무리투수 마리아노 리베라의
활약이 결정적이었어요.
"와, 리베라다!
이제 우리는 어떤 위기라도 벗어날 수 있어."
그가 등판하면,
뉴욕 양키스 팬들은 언제나 승리를 확신했지요.

마리아노 리베라는 파나마에서
어부의 아들로 태어났어요.
그는 어린 시절부터 배를 타고 물고기를 잡아야 했지요.
그 바람에 몇 번이나 목숨을 잃을 뻔했는데,
하도 그물질을 하다 보니
자신도 모르게 팔이 강해졌어요.
그것은 훗날 그가 야구를 하는 데 큰 도움이 되었지요.
리베라는 틈틈이 동네 아이들과 야구를 하면서
꿈을 키웠어요.
"난 평생 어부로만 살고 싶지 않아.
꼭 야구 선수가 될 테야."
하지만 그는 20살이 될 때까지
마냥 배를 탈 수밖에 없었지요.

당시 리베라는 야구 시합을 할 때면
대부분 유격수를 맡았어요.
발이 빨라 웬만큼 까다로운 공은 척척 잡아냈지요.
그러던 어느 날,
마침 파나마에 온 뉴욕 양키스 스카우트가
그의 재능을 눈여겨봤어요.
"자네, 야구에 소질이 좀 있는 것 같군.
그런데 유격수보다는 투수를 해보면 어때?"
스카우트는 리베라가 공을 송구하는
모습에 관심을 보였어요.
잘 훈련시키면 꽤 쓸모 있는
투수가 될 것이라 기대했지요.

리베라는 미국으로 간다는 생각에
잔뜩 가슴이 부풀었어요.
드디어 고기잡이 대신 야구를 할 수 있게 되었으니까요.
그러나 사실 그에 대한 스카우트의 기대는
크지 않았어요.
리베라는 뉴욕 양키스가 내민
계약금을 보고 실망했지요.
'음, 내 몸값이 겨우 2000달러라니…….'
아무리 가난한 나라에서 온 신인이라도
그건 너무 헐값이었어요.
리베라는 자존심이 상했지만,
달리 어쩔 도리가 없었지요.

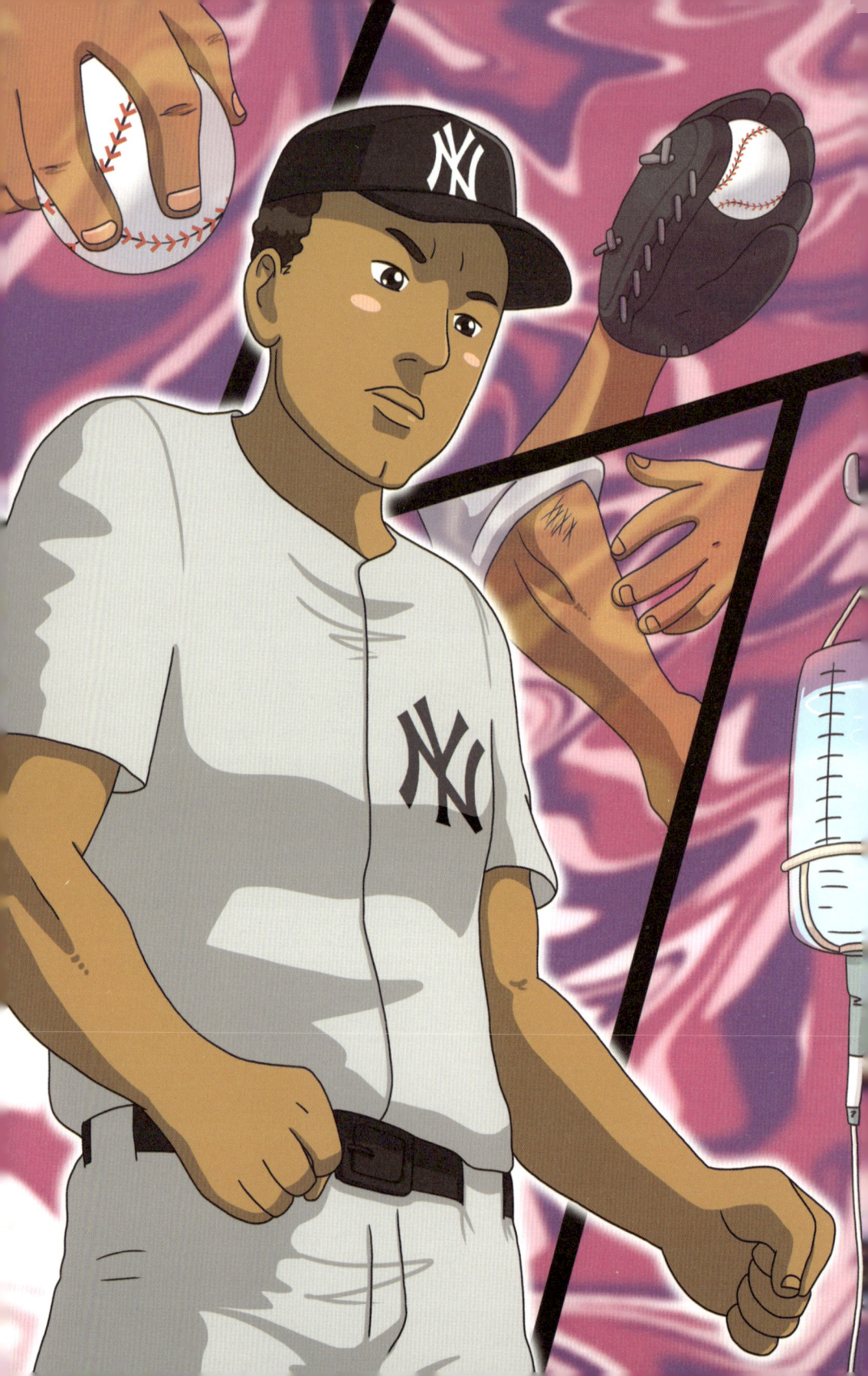

'그래, 지금 당장 얼마의 돈을 받는가는 신경 쓰지 말자.
무엇보다 앞으로 훌륭한 투수가 되는 것이 중요하니까!'
리베라는 두 주먹을 불끈 쥐고 굳은 결심을 했어요.
어떤 힘든 훈련도 이겨낼 것이라고 마음먹었지요.
하지만 그에게는 행운에 앞서
고난이 기다리고 있었어요.
곧 팔꿈치 수술을 받았고,
트레이드 소식이 들려올 때마다
그의 이름이 오르내렸지요.
뉴욕 양키스와 계약하고 나서
그렇게 별 성과도 없이 5년이라는 시간이
훌쩍 지나갔어요.

그런 리베라에게 겨우 기회가 찾아온 것은
25살 때였어요.
워낙 열심히 연습해왔기 때문에
메이저리그 타자들도
그의 공을 쉽게 쳐내지는 못했지요.
"좋아! 이제 경험만 좀 더 쌓으면
나도 머지않아 선발투수 자리를 차지할 수 있을 거야."
리베라는 날이 갈수록 자신의 공에 자신감을 가졌어요.
그러나 이번에도 뉴욕 양키스 구단은
그와 생각이 달랐지요.
어느 날, 투수 코치가 리베라를 불러 말했어요.

"이보게, 우리는 자네를 마무리투수로 키워볼 생각이야.
성격도 침착하니까 잘 해낼 것이라고 믿어."
그 말에 리베라는 마음이 싱숭생숭했어요.
한창 선발투수의 꿈을 키우고 있는데,
갑자기 마무리투수라니요.
그렇다고 어쩌겠어요?
신출내기 메이저리거가
자기 고집만 내세울 수는 없었지요.
리베라는 결국 마무리투수로
첫 걸음을 내딛게 되었어요.

그런데 마무리투수가 느끼는 부담감은
상상 이상이었어요.
언제나 팀이 아슬아슬하게 이기고 있는 상태에서
경기를 마무리 짓기 위해 마운드에 올라야 했지요.
사나흘 연속으로 공을 던져야 하는 경우도 흔했어요.
게다가 어떤 위기에서도
겉으로 불안감을 드러내면 안 됐지요.
그러다 보니,
아직 경험이 별로 없는 리베라는 실수를 거듭했어요.
"아, 오늘 또 역전패를 당했네.
마무리투수가 문제야……."
뉴욕 양키스 팬들은 안타까워하며
리베라에게 야유를 보냈지요.

동료 선수들도 마지막 이닝이 되면
걱정을 감추지 못했어요.
'이러다가 또다시 역전당하는 거 아니야?'
팀 성적이 나빠지는 것은 두말할 나위 없었지요.
단 한 사람,
뉴욕 양키스 감독만은 리베라를 좀 더 기다려줬어요.
하루는 감독이 조용히 그를 불러 말했지요.
"너는 최고의 마무리투수가 될 자질이 있어.
내가 감독으로 있는 한 마무리투수는 오직 너뿐이야!"
그 말에 리베라는 감격했어요.
감독의 믿음을 확인한 뒤,
그의 자신감은 이전과 달라졌지요.

심리적으로 안정을 찾은 리베라는
자신의 실력을 100퍼센트 발휘하게 됐어요.
어떤 위기가 닥쳐도
표정 하나 변화 없이 정면 승부를 펼쳤지요.
특히 그의 주 무기인 컷패스트볼에
타자들은 몹시 당황했어요.
"공이 곧장 날아오다가,
배트로 치려고 하면 살짝 휘어지네……."
타자들은 그의 공을 만만하게 보다가
연신 헛방망이질을 했어요.
아니면 공이 빗맞아 배트가 부러지기 일쑤였지요.

심지어 어느 타자는 한 타석에서
배트 3개를 부러뜨렸어요.
그 모습을 본 선수들은 어처구니없어 하며
리베라에게 '배트 파괴자'라는 별명을 붙여주었지요.
그는 한 시즌에 타자들의
배트를 44개나 부러뜨리기도 했어요.
"정말 리베라가 던지는 공의 위력은 대단해!"
"어디 그뿐이야. 그는 절대로 냉정함을 잃는 법이 없어."
야구팬들의 환호 속에,
그는 어느덧 최고의 마무리투수가 됐어요.
뉴욕 양키스의 뒷문을 책임지는
수호신으로 인정받았지요.

부록

마리아노 리베라(1969~)가 남긴 기록

[투수 통산 성적(2011년 기준)]

* 75승 57패 603세이브
* 평균자책점 ; 2.21점.
* 선발 ; 10경기
* 구원 ; 884경기
* 완투 ; 0경기
* 완봉 ; 0경기
* 이닝 ; 1,211이닝
* 삼진 ; 1,111개
* 볼넷 ; 275개

[그 밖의 주요 기록(2011년 기준)]

* 11번의 올스타 선발 및 5번의 월드시리즈 우승 경험
* 2011년 메이저리그 역대 1위 세이브 기록 달성
* 통산 포스트시즌 성적 94경기 등판 8승 1패 42세이브. 평균자책점 0.71점. 5블론세이브
* 8차례 40세이브 이상 기록 및 14차례 30세이브 이상 기록
* 만 41세에 최고령 40세이브 이상 기록
* 2003년 이후 9년 동안 8차례 60경기 이상 등판 및 평균자책점 2.00점 미만 기록

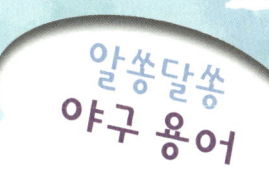

알쏭달쏭 야구 용어

'타율'

타자의 타격 성적을 백분율로 나타내는 것이다. 안타 수를 타격 행위를 끝낸 타수로 나누면 그 수치가 나온다. 여기서 타격 행위를 끝낸 타수란 볼넷이나 몸에 맞는 볼, 팀을 위한 희생타 등이 포함되지 않는 것을 의미한다. 예를 들어 타격 행위를 끝낸 10번의 타석에서 3개의 홈런이나 안타를 쳤다면 10타수 3안타라고 한다. 이 때 3을 10으로 나누면 0.3이라는 값이 나와 타율 3할이 되는 것이다.

'타점 · 득점'

타점은 타자의 플레이로 주자가 홈베이스에 들어와 득점했을 때 타자에게 주어지는 점수를 말한다. 타점이 많은 타자는 득점 찬스에 강하다는 것을 의미한다. 반면에 득점 기록은 홈베이스에 들어와 직접 점수를 올린 주자에게 주어지는 것이다.

'출루율 · 장타율'

'출루율'이란 타자가 타석에 들어서서 베이스에 얼마나 많이 살아 나갔는지 백분율로 나타낸 수치이다. '장타율'은 단타를 1, 2루타를 2, 3루타를 3, 홈런을 4로 따져 합한 수를 타수로 나눈 수치이다. 출루율과 장타율을 더한 값을 '오피에스(OPS)'라고 한다. 이것은 흔히 타자의 능력을 측정하는 중요한 기준이 된다.

'희생타'

희생번트와 희생플라이를 아울러 이르는 용어이다. 즉, 자신을 희생해 주자를 진루시키거나 득점을 올렸을 때 쓰이는 말이다. 여기서 '번트'란, 방망이를 휘두르지 않고 가볍게 맞춰서 내야에 공이 천천히 구르도록 하는 타구를 일컫는다.

'병살타'

타자의 타격으로 주자와 타자가 한꺼번에 아웃되는 경우를 말한다. 주로 타자가 내야 땅볼을 칠 때 수비수들이 연결된 동작으로 병살타를 만들어 낸다. 영어로는 '더블플레이'라고 한다.

'히트앤드런'

주자가 있을 때 실시되는 야구 작전 중 하나. 주자는 투수가 공을 던지려는 순간 다음 베이스를 향해 달리고, 타자는 투수가 던지는 공을 무조건 쳐야 한다. 병살타를 방지하는 데 효과적인 작전이다.

'런앤드히트'

히트앤드런과 조금 다른 작전이다. 투수가 공을 던지려는 순간 주자가 다음 베이스를 향해 달리는 것은 같지만, 타자는 자신이 원하는 공에만 타격을 한다. 타자가 타격을 하지 않으면 주자 혼자 도루를 하는 형태가 된다.

'인필드플라이'

노아웃이나 원아웃 1, 2루 또는 만루에서 타자가 친 타구가 내야에 떴을 때 충분히 잡을 수 있다고 판단되면 심판이 '인필드플라이'를 선언한다. 주자기 1루에만 있으면 해당되지 않고, 번트를 하려다가 공이 뜬 것은 제외. 인필드플라이 규칙은 수비수가 일부러 공을 떨어뜨려 타자와 주자들을 함께 아웃시키려는 시도를 막기 위해 만들어졌다.

메이저리그 야구 전설들

초판인쇄 2025년 5월 15일
초판발행 2025년 5월 25일

지은이 콘텐츠랩
펴낸이 김태헌
펴낸곳 핑크물고기

주소 경기도 고양시 일산서구 대산로 53
출판등록 2021년 3월 11일 제2021-000062호
전화 031-911-3416
팩스 031-911-3417

*낙장 및 파본은 교환해 드립니다.
*본 도서는 무단 복제 및 전재를 법으로 금합니다.
*가격은 표지 뒷면에 표기되어 있습니다.